SUPPLÉMENT

AU

TRAITÉ THÉORIQUE ET PRATIQUE

DE

DROIT PUBLIC

ET ADMINISTRATIF

PAR A. BATBIE

Membre de l'Institut,
Professeur à la Faculté de Droit de Paris, Avocat à la Cour d'Appel, Sénateur,
Ancien Ministre de l'Instruction publique et des Cultes

—

ANNÉE 1887

—

PARIS

L. LAROSE ET FORCEL

Libraires-Editeurs

22, RUE SOUFFLOT, 22

—

1888

SUPPLÉMENT

AU TRAITÉ THÉORIQUE ET PRATIQUE

DE

DROIT PUBLIC ET ADMINISTRATIF

PAR A. BATBIE

(ANNÉE 1887)

Actes administratifs ou de gouvernement (Jurisprudence).

La question de savoir si un acte émanant d'un Ministre ou du Président de la République a un caractère administratif ou gouvernemental présente un intérêt pratique considérable; les actes administratifs sont, en effet, susceptibles d'être déférés au Conseil d'État pour excès de pouvoirs, tandis que les actes de gouvernement échappent à la censure de cette juridiction, et ne peuvent être discutés que devant les Chambres.

La tendance du Conseil d'État, accusée depuis déjà de longues années, a été de restreindre dans les limites les plus étroites le cercle des actes de gouvernement, afin de ne pas priver les intéressés d'un recours juridictionnel, dont l'avantage est bien supérieur au recours qu'il pourraient exercer par voie de *petition* devant le Parlement.

A la suite de la promulgation de la loi du 22 juin 1886, d'après laquelle les membres des familles ayant régné en France ne peuvent entrer dans les armées de terre et de mer, ni exercer aucune fonction publique, le Ministre de la Guerre a rayé les princes d'Orléans et le prince Murat des cadres de l'armée. Les intéressés se sont pourvus en cassation devant le Conseil d'État, contre les décisions ministérielles portant ces radiations.

Le Ministre de la Guerre, dans ses observations sur le pourvoi, soutenait que le recours n'était pas recevable, parce que les décisions attaquées rentraient dans la catégorie des actes de gouvernement, c'est-à-dire des actes *discrétionnaires* de leur nature non susceptible d'être discutés devant le Conseil d'État.

Par un arrêt du 20 mai 1887, le Conseil d'État, conformément aux conclusions de M. le Commissaire du gouvernement, Marguerie, a affirmé sa compétence en ces termes : « Sur la fin de non-recevoir opposée aux pourvois, par le Ministre de la Guerre, tirée de ce que les décisions attaquées, constituent des actes de gouvernement, qui ne sont pas de nature à être déférés au Conseil d'État par la voie du recours pour excès de pouvoirs ;

« Considérant qu'il résulte du texte même des décisions attaquées, que le Ministre de la Guerre les a prises en vue d'appliquer l'article 4 de la loi du 22 juin 1886 ; qu'ainsi il a agi dans l'exercice des pouvoirs d'administration qui appartiennent aux Ministres pour assurer l'exécution des lois au regard de leurs subordonnés, et que ces décisions constituent des actes administratifs susceptibles d'être déférés au Conseil d'État par application des lois des 7-14 octobre 1790 et 24 mai 1872. »

Administration générale (Législation. — *Droit comparé*).

Prusse. — Deux lois des 7 et 8 juin 1885 ont eu pour objet d'établir, dans la province de Hesse-Nassau, l'organisation administrative créée, pour les six provinces de Prusse, par les lois des 19 décembre 1872 et 19 mai 1881, sur les cercles. — La province de Hesse-Nassau est dorénavant divisée en deux districts : Wiesbaden et Cassel. Chacun des districts en cercles; l'ancienne ville libre de Francfort est annexée au district de Wiesbaden, et ne forme plus que le siège de deux cercles, l'un urbain, l'autre rural.

Administration pénitentiaire (Législation).

Par un décret du 28 juin 1887, sont rattachés au ministère de l'Intérieur, l'administration et le contrôle des prisons du département de la Seine. En conséquence de ce texte :

« Art. 1er. Les maisons d'arrêt, de justice ou de correction, et généralement tous établissements recevant des détenus dont l'entretien est à la charge de l'État dans le département de la Seine, sont et demeurent soumis aux mêmes conditions d'administration et de contrôle que les établissements similaires des autres départements, notamment en ce qui concerne la désignation du personnel, le mode de réglementation du régime intérieur, l'organisation des services économiques et le fonctionnement de l'inspection générale.

« Art. 2. Demeurent acquises au préfet de police, dans les conditions mentionnées à l'article ci-dessus, toutes attributions du préfet du département de la Seine en ce qui touche les prisons.

« Art. 3. Sont définitivement abrogées l'ordonnance du 9 avril 1819 et toutes autres dispositions antérieures au présent décret en ce qu'elles ont de contraire à ce décret. »

Affectation et désaffectation (Jurisprudence).

Une grave controverse s'est élevée dans ces dernières années sur le point de savoir quel est le juge compétent pour connaître des difficultés qui surgissent entre l'État, les communes et les établissements publics d'une part, et les titulaires des biens que ces personnes morales leur ont affecté.

La jurisprudence du Conseil d'État et celle de la Cour de cassation ont été amenées à poser les principes suivants :

1° Les affectations et concessions faites par l'État, à des établissements publics ou à des particuliers, constituent des actes administratifs, et le contentieux de ces contrats échappe à la compétence des tribunaux judiciaires (Voy. dans ce sens, Cons. d'Ét., 1er décembre 1853, *ville de Bordeaux*).

2° En ce qui concerne les affectations et concessions faites par des établissements publics à d'autres établissements ou à des particuliers, il y a lieu de distinguer : s'il s'agit de concessions faites dans un intérêt public, le contentieux de ces actes appartient aux tribunaux administratifs ; si la concession a été faite dans l'intérêt d'un autre service, les actes qui l'ont établie constituent des contrats de droit commun dont le contentieux appartient à l'autorité judiciaire, sauf bien entendu renvoi par cette juridiction, à l'autorité administrative, de l'interprétation préjudicielle des actes administratifs qui pourrait être contestée.

C'est ainsi que le Conseil d'État a décidé, sur les conclusions conformes de M. le Commissaire du gouvernement Le Vavasseur de Précourt (Leb. et Panh., 1887, p. 473), qu'il était incompétent pour connaître des difficultés soulevées entre la ville de Paris et l'Institut des Frères de la Doctrine chrétienne au sujet de l'affectation consentie par la ville au profit de l'Institut, des immeubles de la rue Oudinot (Cons. d'Ét., 17 juin 1887, *ville de Paris*).

D'un autre côté, la cour de Limoges a décidé que la juridiction civile était compétente pour connaître des difficultés élevées entre un bureau de bienfaisance et une congrégation religieuse autorisée, au sujet de l'affectation d'immeubles consentie par ce bureau, aux sœurs de charité chargées de l'assistance des pauvres à domicile (Limoges, 14 mars 1888, *bureau de bienfaisance de Limoges*).

Appel comme d'abus (Jurisprudence).

Un décret du 30 janvier 1887, rendu sur l'avis du Conseil d'État, a déclaré qu'il y avait abus dans le fait du desservant qui subordonne à la remise d'une somme supérieure à celle fixée au tarif des oblations dûment approuvé, la célébration des messes qui lui sont demandées par une commune en exécution d'une donation faite à celle-ci par un tiers. — Ce décret est ainsi conçu :

« Vu le tarif des oblations pour le diocèse d'Autun, approuvé le 6 juin 1868;

« Vu les articles 6, 8 et 69 des Organiques;

« Considérant que la commune de Meulin a demandé, à plusieurs reprises, à l'abbé Dumonceau de célébrer six messes à l'intention d'un sieur Michel et de sa femme, et qu'elle a offert une somme suffisante d'après le tarif des oblations pour le diocèse d'Autun;

« Considérant que l'abbé Dumonceau, desservant, a refusé de célébrer les messes demandées en se fondant uniquement sur ce que la commune lui devrait, à titre de supplément de traitement, une somme supérieure à celle offerte;

« Considérant que le desservant ne relève aucun acte intervenu entre la commune et la fabrique de Meulin, sous l'approbation du gouvernement et de l'évêque diocésain, pour régler une fondation de six messes à l'intention dudit sieur Michel; qu'il revendique seulement le bénéfice d'une libéralité qui résulterait au profit de la cure de la donation ci-dessus visée du 4 juin 1847, et qui aurait pour effet de procurer aux desservants successifs de Meulin un supplément de traitement, à charge de célébrer à perpétuité dans l'église de Meulin, sans rétributions, six grandes messes de l'Office des Morts à l'intention dudit sieur Michel et de sa femme;

« Considérant que la commune conteste l'existence de cette libéralité, qui ne figure pas dans le décret susvisé du 14 avril 1851; que ces prétentions respectives ne pouvaient être appréciées que par l'autorité judiciaire, après que la commune et la cure auraient obtenu les autorisations nécessaires;

« Mais considérant que l'article 69 des Organiques, en prévoyant pour chaque diocèse la rédaction d'un tarif des oblations, approuvé par le gouvernement, a eu pour but de prévenir, sur des choses placées en dehors du commerce, toute discussion pécuniaire de nature à compromettre la religion et la dignité de ses ministres;

« Considérant que le desservant de Meulin, en subordonnant la célébration des services demandés à la remise d'une somme supérieure à celle fixée par le tarif et au paiement d'une créance contestée par la commune, a commis un excès de pouvoirs qui rentre dans les cas d'abus prévus par l'article 6 des Organiques;

(« Il y a abus dans les faits ci-dessus relatés et imputés à l'abbé Dumonceau, desservant de Meulin. »)

Archives nationales (Législation).

Par décret en date du 14 mai 1887, le service des Archives nationales est réorganisé sur les bases suivantes :

« La conservation et l'administration des Archives nationales sont confiées à un garde général placé sous l'autorité du Ministre de l'Instruction publique et des Beaux-Arts.

« Les documents qu'il conserve et le service qu'il dirige sont divisés en trois sections : 1° Section historique; — 2° Section législative et judiciaire; — 3° Section administrative et domaniale. — Un secrétariat est chargé de la correspondance, de la comptabilité, du matériel et de la surveillance générale.

« Le garde général est nommé et révoqué par décret. — Il est tenu de résider aux Archives nationales et ne peut s'absenter sans l'autorisation du Ministre. — En cas d'absence ou d'empêchement, il est suppléé par un chef de section désigné par le Ministre. En cas de décès, le plus ancien chef de section est de droit chargé du service jusqu'à ce que le Ministre ait statué » (V. *Journ. off.* du 17 mai1 887).

Chemins vicinaux (Jurisprudence).

Ouverture. Commission départementale. — Doit-on considérer comme terrain *bâti* dans le sens de la loi du 8 juin 1864, une propriété attenant à un château, et bornée sur la plus grande partie de son étendue, par des limites naturelles : haies vives ou fossés? *Rés. nég.*

Est considéré, au contraire, comme propriété bâtie, un parc attenant à une maison d'habitation et entouré d'eau de tous côtés.

En conséquence, la commission départementale n'a pu, sans excès de pouvoirs, déclarer d'utilité publique l'occupation d'une partie de ce parc, pour l'ouverture d'un chemin vicinal ordinaire; il y avait lieu, dans l'espèce, de recourir aux formalités prescrites par la loi du 3 mai 1841, c'est-à-dire qu'un décret était nécessaire (Cons. d'Ét., 25 novembre 1887, *Godineau*).

Classement. — Les arrêtés préfectoraux portant reconnaissance des chemins vicinaux (depuis la loi du 10 août 1871, les décisions du conseil général ou de la commission départementale) n'entraînent expropriation, et par suite attribution au domaine public communal des parcelles incorporées, conformément à l'article 15 de la loi du 21 mai 1836, qu'autant que ces arrêtés indiquent avec précision les limites des chemins par rapport à chacune des propriétés riveraines (Cass., Ch. civ., 8 juin 1887, *Frecault* c. *commune de Marsangy*). Il y a sur ce point accord entre la jurisprudence du Conseil d'État et celle de la Cour suprême. — V. Cons. d'Ét., 12 février 1875, *Barge.* V. aussi l'arrêt suivant.

Classement. Assiette du chemin. — L'assiette d'un chemin n'est pas définitivement fixée, lorsque l'arrêté (ou la décision) de classement se borne à attribuer à ce chemin une largeur déterminée sans fixer ses limites. En conséquence, les riverains de ce chemin, dans la traverse d'une commune, ne sont pas fondés à demander l'incorporation à leurs fonds, des parcelles excédant la largeur fixée par la décision de classement (Cons. d'Ét., 27 mai 1887, *Fouquet-Fonteneau*).

En outre et par le même motif, le creusement d'un puits, sur un terrain dépendant du chemin ainsi classé, sans que la limite en soit déterminée, ne constitue pas une usurpation (Cons. d'Ét., 16 décembre 1887, *Caratini*).

Classement. Arrêté. Interprétation. — Lorsque le tribunal saisi d'une demande en revendication d'un terrain que le défendeur prétend faire partie d'un chemin vicinal, a reconnu qu'il y avait lieu de surseoir au jugement du litige jusqu'à ce que l'autorité compétente ait interprété l'arrêté préfectoral portant classement de ce chemin, il doit attendre que cette autorité ait statué définitivement sur la question préjudicielle dont la solution lui a été renvoyée. C'est donc à tort que, dans l'espèce, le tribunal a rendu son jugement, sur le vu d'une décision interprétative de l'arrêté de classement, lorsque cette décision avait été légalement déférée au Ministre de l'Intérieur, qui n'avait pas encore statué (Cass., Ch. civ., 19 avril 1887, *dame Huet-Vaugeac*).

Arrêté de classement. Interprétation. Renvoi de l'autorité judiciaire. Compétence. — Il appartient à la commission départementale, substituée au préfet par la loi du 10 août 1871, pour tout ce qui touche le classement et la fixation de largeur des chemins vicinaux ordinaires, d'interpréter le sens d'un arrêté de classement rendu par un préfet, antérieurement au 1er janvier 1872 (Cons. d'Ét., 27 mai 1887, *Fouquet-Fonteneau*).

Classement. Effets. Action possessoire. — Les décisions portant classement des chemins vicinaux ont pour effet d'attribuer définitivement au chemin le sol des propriétés riveraines, dans les limites déterminées ; en conséquence, les tribunaux ne peuvent, sans excès de pouvoirs, admettre aucune action possessoire en réintégrande, de la part des riverains, qui aurait pour objet direct de priver le public de la jouissance des chemins classés (Cass., 2 mars 1887, *ville de Sartène, Corse*).

Droit de préemption. Parcelles déclassées de la voirie vicinale. — Lorsqu'une décision de classement qui a fixé les limites du chemin vicinal ordinaire dans la traverse d'un village, laisse entre la propriété du riverain et la voie publique une parcelle de terrain (dans l'espèce un trapèze de 15 mètres de long sur $1^m,85$ de large en moyenne), le riverain a le *droit d'exiger* que la commune lui cède, à titre onéreux, le terrain compris entre sa propriété et les limites de la voie vicinale, et le maire ne saurait, sans excéder ses pouvoirs, refuser de donner au riverain l'alignement lui permettant d'avancer jusqu'à la limite de cette voie (Cons. d'Ét., 6 août 1887, *Dolivot c. maire de Saint-Pantaléon, Saône-et-Loire*).

Par cette importante décision, le Conseil d'État tranche la question, controversée entre les auteurs, de savoir si le droit de préemption, accordé aux riverains par l'article 19 de la loi du 21 mai 1836, constitue une simple *faculté* subordonnée à la volonté de la commune, ou si le riverain a le *droit* d'exiger la cession, à titre onéreux, de parcelle délaissée. La circulaire du 25 mars 1838, contemporaine de la promulgation de la loi du 21 mai 1836, s'est prononcée dans le premier sens, ainsi que plusieurs auteurs. Le Conseil d'État adopte la seconde opinion.

Dommages. Occupation temporaire. — L'article 17 de la loi du 21 mai 1836 prescrit, à peine de nullité, la notification aux intéressés de l'arrêté préfectoral, autorisant les entrepreneurs des travaux de la vicinalité à occuper temporairement des terrains nécessaires à l'exécution des travaux, dix jours au moins avant que l'exécution de cet arrêté soit commencée. En cas d'inobservation de cette formalité, l'occupation constitue un *vice de fait,* qui peut servir de base à une action en réintégrande de la compétence des tribunaux judiciaires. S'il y a débat entre le propriétaire et l'entrepreneur, sur la régularité de la notification de l'arrêté, les tribunaux judiciaires doivent renvoyer l'examen de cette difficulté préjudicielle à l'autorité administrative, et ordonner un sursis jusqu'à ce que cette dernière ait statué (Cass., Ch. civ., 18 octobre 1887, *Guyot*).

Prestations en nature. Lieu d'imposition. Habitation située sur deux communes. — Le contribuable doit la taxe des prestations dans la commune où sont situées la plus grande partie de la pièce qu'il occupe et les dépendances servant à son exploitation agricole et où il exerce ses droits électoraux, alors même que le bâtiment principal serait établi sur le territoire d'une autre commune, si ce bâtiment n'est pas affecté à son usage (Cons. d'Ét., 16 décembre 1887, *Chaumeau*).

Subventions industrielles. Caractère industriel des transports. Moulin. — Le meunier qui ne se borne pas à moudre le blé apporté par les habitants des communes voisines, mais qui produit des farines destinées au commerce, doit être considéré comme dirigeant une exploitation industrielle passible de subventions spéciales (Cons. d'Ét., 16 décembre, *Godart*).

Cimetières. — **Sépultures** (Législation).

La loi du 18 novembre 1887, sur la liberté des funérailles, pose le principe d'après lequel chaque citoyen peut, dans un acte quelconque de dernière volonté, régler le caractère de ses funérailles, sans que l'administration puisse porter atteinte aux dispositions qu'il a prises.

Voici le texte de cette loi :

« Art. 1er. Toutes les dispositions légales relatives aux honneurs funèbres seront appliquées, quel que soit le caractère des funérailles, civil ou religieux.

« Art. 2. Il ne pourra jamais être établi, même par voie d'arrêté, des prescriptions particulières applicables aux funérailles, en raison de leur caractère civil ou religieux.

« Art. 3. Tout majeur ou mineur émancipé, en état de tester, peut régler les conditions de ses funérailles, notamment en ce qui concerne le caractère civil ou religieux à leur donner et le mode de sa sépulture. — Il peut charger une ou plusieurs personnes de veiller à l'exécution de ses dispositions. — Sa volonté, exprimée dans un testament ou dans une déclaration faite en forme testamentaire, soit par-devant notaire, soit sous signature privée, a la même force qu'une disposition testamentaire relative aux biens; elle est soumise aux mêmes règles quant aux conditions de la révocation. — Un règlement d'administration publique déterminera les conditions applicables aux divers modes de sépulture. Toute contravention aux dispositions de ce règlement sera punie des peines édictées par l'article 5 de la présente loi.

« Art. 4. En cas de contestation sur les conditions des funérailles, il est statué, dans le jour, sur la citation de la partie la plus diligente, par le juge de paix du lieu du décès, sauf appel devant le président du tribunal civil de l'arrondissement, qui devra statuer dans les vingt-quatre heures. — La décision est notifiée au maire qui est chargé d'en assurer l'exécution. — Il n'est apporté par la présente loi aucune restriction aux attributions des maires en ce qui concerne les mesures à prendre dans l'intérêt de la salubrité publique.

« Art. 5. Sera punie des peines portées aux articles 199 et 200 du Code pénal, sauf application de l'article 463 dudit Code, toute personne qui aura donné aux funérailles un caractère contraire à la volonté du défunt ou à la décision judiciaire, lorsque l'acte constatant la volonté du défunt ou la décision du juge lui aura été dûment notifié.

« Art. 6. La présente loi est applicable à l'Algérie et aux colonies. »

Cimetières (Jurisprudence).

Création. Décret déclaratif d'utilité publique. Absence d'avis du Conseil d'État. — Les décrets portant déclaration d'utilité publique de travaux communaux (dans l'espèce, création d'un cimetière) ne doivent pas être, à peine de nullité, rendus dans la forme des règlements d'administration publique (Cons. d'Ét., 23 décembre 1887, *Toret*). — Cette règle qui avait déjà été admise par le Conseil d'État, dans un arrêt du 25 mars 1881 (*Trescazes, commune de Palalda*), subit deux exceptions: 1° pour les décrets déclaratifs d'utilité publique de terrains destinés à la construction de maisons d'écoles. V. décret du 7 avril 1887 (Art. 8, 34 et 47, Voy. *infrà*, v° *Instruction primaire*); 2° pour les décrets déclaratifs d'utilité publique de terrains bâis, destinés à l'ouverture des chemins ruraux (L. du 18 août 1881, sur les chemins ruraux, art. 13).

Distance légale. — Le décret qui autorise l'établissement d'un cimetière à plus de 35 mètres de l'agglomération communale, mais à moins de 35 mètres d'habitations isolées n'est pas entaché d'excès de pouvoirs (Cons. d'Ét., 23 décembre 1887, *Toret;* 4 février 1887, *Duclos;* 20 janvier 1888, *commune de Largentière*).

Puits. — L'article 1er du décret du 7 mars 1808, qui interdit aux particuliers d'élever des habitations et de creuser des puits à moins de 100 mètres des nouveaux cimetières transférés hors des communes, n'est pas opposable à ces dernières (Cons. d'Ét., 23 décembre 1887, *Toret*).

Concessions. — La concession à perpétuité de 2 mètres de terrains dans un cimetière communal, pour sépulture de famille, ne donne pas au concessionnaire le droit d'établir le mur de son caveau, en dehors du périmètre concédé. — En conséquence, la commune est fondée à demander le prix de l'emprise occupée pour l'établissement des murs. — Cass., 9 août 1887, *commune de Combs-la-Ville* (Seine-et-Marne). Il paraît que dans certaines villes, et notamment à Paris, l'administration autorise les concessionnaires à établir les murs de leur caveau sur l'espace libre que l'ordonnance du 6 décembre 1843 et le décret du 23 prairial an XII, ont prescrit de laisser entre les fosses; mais ces dispositions réglementaires qui n'ont été édictées qu'en vue de l'ordre public et de l'intérêt général, n'ont eu ni pour but ni pour objet de constituer, en faveur des particuliers, un droit privatif sur la bande de terrain ainsi laissée libre (V. dans le même sens, Rennes, 22 octobre 1886, *ville de Dinan, Ille-et-Vilaine*).

Commerce et Industrie. — Administration centrale (Législation).

Un décret du 11 avril 1887, portant règlement d'administration publique, réorganise, en vertu de la loi du 30 décembre 1882, l'Administration centrale du Ministère du Commerce et de l'Industrie en trois directions, indépendamment du cabinet du Ministre, et une division : direction du personnel et de l'enseignement technique, direction du commerce intérieur, direction du commerce extérieur, division de la comptabilité et de la statistique (V. *Journ. offic.* du 14 avril).

Communes (Jurisprudence).

I. — *Dépenses obligatoires. Inscription d'office. Dénombrement de la population. Irrégularité. Révision par un délégué spécial.* — Le préfet ne commet pas d'excès de pouvoirs en nommant d'office, après mise en demeure régulière, conformément à l'article 85 de la loi du 5 avril 1884, un délégué spécial pour procéder, sur le refus du maire, à la révision des opérations du dénombrement quinquennal de la population qui ont été irrégulièrement faites. Le maire était tenu de procéder au dénombrement ordonné, ainsi qu'à toutes les opérations nécessaires pour en assurer l'exactitude.

Et les dépenses auxquelles a donné lieu la nomination de ce délégué spécial constituent des dépenses obligatoires pour la commune (Cons. d'Ét., 18 novembre 1887, *commune de Buzançais (Indre).*

Dépenses facultatives. Hospices. Frais de séjour des malades indigents. — Le préfet ne peut, sans excès de pouvoirs, inscrire d'office au budget d'une commune une dépense facultative de sa nature (remboursement à un hospice des frais de séjour d'indigents) quand la dette est contestée. — Il ne saurait en effet se constituer juge d'un litige (Cons. d'Ét., 11 mars 1887, *commune de Marciac).*

II. — *Contrats passés par les communes. Affectations* (Voy. ce mot, *suprà,* p. 3).

Concessions. — La convention, par laquelle une commune concède à un particulier l'exploitation d'un gisement de phosphate existant dans sa forêt, constitue un contrat de droit commun, encore bien que la forêt dont il jouit sera soumise au régime forestier.

En conséquence, les tribunaux de l'ordre judiciaire sont seuls compétents pour statuer sur les difficultés qui peuvent survenir à raison de l'exécution de ce contrat (Nîmes, 5 janvier 1887, *commune de Saint-Maximin (Gard).*

Donations. Inexécution des conditions. Impenses. Instituteurs congréganistes. Substitution d'instituteurs laïques. Dommages-intérêts. — En cas de révocation d'une donation, pour inexécution des conditions, le donateur, reprenant les immeubles donnés, doit rembourser au donataire, dont la propriété est résolue, le montant des impenses nécessaires; mais il ne doit le remboursement des dépenses utiles que jusqu'à concurrence de la plus-value procurée à ces immeubles. Ne doivent être considérées comme dépenses nécessaires que celles qui tendent à la conservation de la chose.

Lorsqu'une donation est faite à une commune à la condition qu'elle entretiendra dans les immeubles donnés une école congréganiste, si, plus tard, l'administration juge à propos de remplacer les congréganistes par un instituteur laïque, la commune, à moins de faute spéciale de sa part, n'est tenue ni par suite d'un contrat, ni par application de l'article 1382 du Code civil, à aucuns dommages-intérêts, alors même que son conseil municipal aurait pris lui-même l'initiative de cette substitution (Cass., 22 juin 1887, *commune de Grenant c. Lavocat-Pernot*).

Instituteurs congréganistes. Inexécution des conditions. Intention. Appréciation. Donateur. Héritiers. Qualité pour agir. — Lorsque la donation d'un immeuble a été faite à une commune pour y loger les Frères de la doctrine chrétienne, la commune peut exiger, en vertu d'une délibération de son conseil municipal, que les Frères seront tenus de quitter cet immeuble s'il apparaît, d'après les circonstances dans lesquelles la donation a été faite, que l'intention du donateur a bien été d'attribuer à la commune la propriété de l'immeuble donné, et que s'il a voulu que cet immeuble reçût une destination spéciale et ne pût recevoir d'autre destination que celle d'y établir une école, les véritables gratifiés étaient les enfants de la ville, et que l'établissement d'une école tenue par les Frères n'a été, dans sa pensée, que le moyen à l'aide duquel pouvait être atteint le but qu'il se proposait.

Les héritiers du donateur ne sont pas recevables à agir contre le donataire pour le contraindre à exécuter des charges imposées en faveur d'un tiers (Paris, 10 novembre 1887, *Institut des Frères de la doctrine chrétienne c. ville de Bar-sur-Seine*).

Louage de service. — L'autorité judiciaire est incompétente pour connaître de la demande en dommages-intérêts formée contre une commune, par un employé municipal qui a été révoqué de ses fonctions (Alger, 15 février 1887, *ville d'Oran*). Cette solution est conforme à la jurisprudence du Tribunal des conflits.

Ventes. Surenchère. — Les ventes de biens communaux passées régulièrement suivant les formalités administratives ne sont pas susceptibles de la surenchère du dixième (Pau, 26 mai 1885, *Dastugue*). La question est controversée : V. Nîmes, 12 août 1845, Sirey, II, 409. En sens contraire, Nîmes, 28 novembre 1837, Sirey, 1838, II, p. 244.

III. — *Procès. Qualité pour agir.* — Une commune n'est pas recevable à interjeter appel d'un arrêté par lequel le conseil de préfecture a accordé à un contribuable dégrèvement de sa cotisation relative à une cession de répartition, — lorsque le montant du dégrèvement a été l'objet non d'une réimposition pour l'année suivante, mais d'une imputation sur le fonds de non-valeurs (Cons. d'Ét., 30 décembre 1887, *commune de Saint-Boës*).

Frais. — Dans le cas où une commune, au lieu de recourir à une imposition extraordinaire pour acquitter les frais d'un procès, y a fait face au moyen de centimes additionnels pour insuffisance de revenus, la partie qui a gagné son procès est fondée à demander la décharge de ces centimes (Cons. d'Ét., 10 juin 1887, *Aucher*).

Conflits (Jurisprudence).

Procédure. — Le conflit élevé par le préfet est nul, comme déclaré prématurément et en violation de l'article 7 de l'arrêté réglementaire du 30 décembre 1848 relatif à l'Algérie, lorsqu'il résulte de l'instruction que le préfet a pris son arrêté, le jour même où le tribunal rendait son jugement sur la compétence, alors que matériellement il ne pouvait avoir connaissance de ce jugement (Trib. des conflits, 22 janvier 1887, *Cauvet c. Parpaite*).

Conseil d'État (Législation).

Auditeur. — Une loi du 1er juillet 1887 a modifié la durée des fonctions d'auditeur au Conseil d'État, telle qu'elle avait été fixée par les lois du 24 mai 1872 et du 10 août 1876. Nous rappelons que l'institution des auditeurs a eu pour but de créer une sorte de noviciat administratif et de former une pépinière pour les auditeurs de 1re classe et les maîtres des requêtes. On s'était plaint que la durée des fonctions d'auditeurs de 2e classe étant trop courte, ceux-ci étaient obligés de quitter le Conseil d'État au moment où ils pouvaient, par leurs connaissances acquises, rendre le plus de services. De là la disposition de l'article 1er, qui porte à huit années la limite de leurs fonctions. La commission du Sénat a élargi le texte du gouvernement en garantissant aux auditeurs un certain nombre de postes administratifs et judiciaires, à leur sortie du Conseil.

Voici au surplus le texte même de la loi :

« Art. 1er. La limite des quatre années fixée pour les fonctions d'auditeur de 2e classe au Conseil d'État, par l'article 5, paragraphe 6, de la loi du 24 mai 1872, est portée à huit années.

« Art. 2. La limite d'âge pour la nomination aux fonctions d'auditeur de 1re classe au Conseil d'État, fixée à trente ans par l'article 6 de la loi du 24 mai 1872, est portée à trente-trois ans, qui seront comptés au 1er janvier de l'année de la nomination.

« Art. 3. Chaque année, le gouvernement fera connaître, par une décision prise en conseil des Ministres, et insérée au *Journal officiel* dans le mois de janvier, les fonctions qui seront mises à la disposition des auditeurs de 2e classe qui auront au moins quatre ans de services. — Ces fonctions seraient les suivantes : Commissaire du gouvernement près le conseil de préfecture de la Seine; secrétaire général d'une préfecture de 1re ou 2e classe; sous-préfet de 1re ou 2e classe; substitut dans un tribunal de 2e classe.

« Art. 4. Chaque année, s'il y a lieu, un concours sera ouvert dans le mois de décembre pour la nomination d'autant d'auditeurs de 2e classe qu'il y aura de places vacantes. — Les auditeurs nommés à la suite de ce concours entreront en fonctions le 1er janvier.

« Art. 5. L'article 5, paragraphe 6, de la loi du 24 mai 1872, la loi du 10 août 1876 et toutes les dispositions contraires à la présente loi sont abrogées. »

Conseils généraux (Jurisprudence).

Lorsqu'un conseil général est réuni extraordinairement, en vertu de l'article 24 de la loi du 10 août 1871, sur la demande des deux tiers de ses membres, peut-il porter ses délibérations sur des questions non prévues dans l'ordre du jour qui accompagne la convocation du préfet? Telle est la question délicate sur laquelle le Ministre de l'Intérieur a cru devoir consulter le Conseil d'État. Par un avis en date du 8 mars 1888, cette assemblée a répondu de la façon suivante :

« Le Conseil d'État, consulté par M. le Ministre de l'Intérieur sur la question de savoir si, lorsqu'un conseil général se réunit extraordinairement en vertu de l'article 24 de la loi du 10 août 1871, sur la demande des deux tiers de ses membres, il peut faire porter ses délibérations sur des questions non prévues expressément par l'ordre du jour qui accompagne la convocation du préfet,

« Vu la lettre ministérielle du 19 décembre 1887 ;

« Vu l'article 24 de la loi du 10 août 1871 ;

« Considérant que le droit donné par l'article 24 de la loi du 10 août 1871 aux deux tiers des membres en exercice d'un conseil général, de provoquer une réunion extraordinaire de cette assemblée, implique nécessairement l'accord préalable qui a dû s'établir entre ces membres sur l'objet de la réunion ;

« Considérant que la demande écrite adressée par eux au président doit, par suite, indiquer cet objet et que l'ordre du jour de la session se trouve par cela même définitivement constitué ; que le conseil ne peut pas mettre en délibération des matières qui n'y sont pas comprises et sur lesquelles n'a pas pu porter l'accord intervenu ;

« Considérant que si, pendant la session, les deux tiers des conseillers généraux en exercice adressent au président une demande écrite tendant à ajouter à l'ordre du jour indiqué par la demande primitive, cette démarche doit être assimilée à une nouvelle demande de session extraordinaire, et doit produire son effet après une nouvelle convocation, conformément à l'article 24 de la loi du 10 août 1871.

« Est d'avis :

« Qu'il y a lieu de répondre au Ministre dans le sens des observations qui précèdent » (Rapp. M. *Delmas*, Cons. d'Ét.).

Par une circulaire du 20 mars 1888, le Ministre de l'Intérieur a adhéré à la doctrine de cet avis, qui tranche ainsi une difficulté qui avait été résolue jusqu'ici par l'administration en des sens divers.

Conseils municipaux (Jurisprudence).

Délibérations. Injures. Diffamation. Faute. Responsabilité. Dommages-intérêts. Solidarité. — Le maire et les membres d'un conseil municipal peuvent engager leur responsabilité en apposant leur signature au pied d'une délibération, précédée du compte rendu d'une discussion au cours de laquelle des paroles jugées préjudiciables ont été prononcées à l'égard de tiers. Le compte rendu et la délibération ne font qu'un, et on ne saurait prétendre séparer ces deux documents pour soutenir que la signature ne s'appliquait qu'à la délibération, et qu'il n'y avait là que l'accomplissement d'une obligation légale (art. 57 de la loi du 5 avril 1884).

Le fait de n'avoir point indiqué, dans le procès-verbal de la séance, le nom de l'auteur des propos incriminés, ainsi que le prescrit pour les conseils généraux l'article 32 de la loi du 10 août 1871, applicable par voie d'analogie pour les conseils municipaux, constituerait une faute suffisante à elle seule pour engager la responsabilité du conseil municipal.

Les épithètes de « chef de la réaction » et de « personnes toujours en contact avec la réaction » insérées au procès-verbal, ont été jugées à bon droit ne pas être constitutives d'une diffamation ou d'une injure, et, en conséquence, l'exception tirée de la prescription de trois mois, édictée par l'article 65 de la loi du 29 juillet 1881 sur la presse, a été justement écartée. Mais les juges du fond ont pu voir, dans ces imputations, une faute suffisante pour les autoriser à prononcer une condamnation solidaire à des dommages-intérêts contre tous les conseillers municipaux et le maire de la commune (Cass., rejet, 27 décembre

1886, *Renard et autres conseillers municipaux de la commune Vallières, Creuse*).

Délibérations. Validité. Membre personnellement intéressé. — Un conseiller municipal, titulaire d'un des cantonnements de vaine pâture, entre lesquels le conseil a divisé le territoire de la commune, doit être considéré comme membre personnellement intéressé à la délibération prise dans ce but (Cons. d'Ét., 16 décembre 1887, *Dupas*).

Le conseiller municipal, exécuteur testamentaire d'un donateur qui a fait à une commune un legs destiné à la fondation et à la création d'une école, n'a pu prendre régulièrement part à une délibération par laquelle le conseil municipal a statué sur le local à affecter à l'école fondée par le *de cujus*. — Il est membre intéressé dans le sens de la loi (Cons. d'Ét., 25 novembre 1887, *commune de Châteauneuf-de-Gadagne*).

La délibération adoptée avec la participation d'un conseiller intéressé peut être annulée, alors même qu'elle aurait été prise par cinq voix contre trois (16 décembre 1887, *Dupas*); — ou par l'unanimité des dix conseillers présents (25 novembre 1887, *commune de Châteauneuf-de-Gadagne*).

Contributions directes. — Règles générales (Législation).

La loi des finances du 18 juillet 1887 a modifié les règles relatives aux réclamations en matière de contributions directes. Déjà la loi du 29 décembre 1884, avait étendu le délai de trois mois fixé par l'article 28 de la loi du 21 avril 1832. En cas d'erreur de faux ou de double emploi, elle fait courir ce délai du jour de la connaissance acquise de l'imposition, par les poursuites exercées. Les articles 2 et 3 de la loi du 18 juillet 1887 ont simplifié la procédure, dans le cas où il n'y a pas de difficulté entre l'administration et le contribuable.

« Art. 2. Tout contribuable qui se croira imposé à tort ou surtaxé, soit dans les rôles généraux des quatre contributions directes, soit dans ceux de la taxe des prestations en nature, pourra en faire la déclaration à la mairie du lieu de l'imposition dans le mois qui suivra la publication desdits rôles. — Cette déclaration sera reçue, sans frais ni formalités, sur un registre tenu à la mairie; elle sera signée par le réclamant ou son mandataire. — Celles de ces déclarations qui, après examen sommaire, auront pu être immédiatement reconnues fondées, seront analysées par les agents des contributions directes sur un état qui sera revêtu de l'avis du maire ou des répartiteurs, suivant le cas, ainsi que de celui du contrôleur et du directeur. Le conseil de préfecture prononcera les dégrèvements; il s'abstiendra toutefois de statuer sur les cotes ou portions de cotes qui lui auraient paru devoir être maintenues au rôle. — Les contribuables dont les déclarations n'auraient pas été portées ou maintenues sur l'état dont il s'agit, et ceux sur la cote desquels le conseil de préfecture n'aurait pas eu à statuer, en seront avisés et ils auront la faculté de présenter des demandes en dégrèvement, dans les formes ordinaires, dans un délai d'un mois à partir de la date de la notification, sans préjudice des délais fixés par les lois du 21 avril 1832, article 28, et du 29 décembre 1884, article 4.

« Art. 3. Les cotes ou portions de cotes qui seront reconnues former double emploi ou avoir été mal établies par suite d'erreurs matérielles d'écritures ou de taxation pourront en tout temps, être inscrites, par le directeur des contributions directes, sur des états particuliers de cotes indûment imposées et être soumises au conseil de préfecture, pour qu'il en prononce le dégrèvement. »

Contributions directes. — **Règles générales** (Jurisprudence).
Réclamations. Tierce expertise. — Sous l'empire de la loi du 29 décembre 1884, le droit de demander la tierce expertise n'appartient qu'au réclamant et à l'administration. — Le conseil de préfecture commet donc un excès de pouvoirs en ordonnant d'office ce mode d'instruction. Il peut seulement ordonner la contre-vérification prévue par la loi du 6 mars 1831 (Cons. d'Ét., 24 juin 1887, *Lassalle*).

Faux emploi. — L'article 4 de la loi du 29 décembre 1884, qui décide qu'en cas de faux ou de double emploi, le délai de trois mois accordé au contribuable pour réclamer court du jour des poursuites ne s'applique pas dans le cas où avant les poursuites, ledit contribuable a eu connaissance de sa double inscription pour le paiement. Dans cette hypothèse, le délai de trois mois part du jour de la connaissance acquise (Cons. d'Ét., 4 novembre 1887, *Hersaut*).

Contribution foncière (Législation).

Depuis l'invasion du phylloxéra, c'est-à-dire depuis 1872 environ, le vignoble français a décru de 2,500,000 hectares à 1,960,000 hectares. La production des vins qui était, en 1876, de 42 millions d'hectolitres, s'est abaissée à 25 millions. Afin d'encourager les propriétaires à reconstituer les vignobles détruits, le législateur, s'inspirant des dispositions de l'article 225 du Code forestier et de la loi du 18 juin 1865, sur le reboisement, a établi une exonération temporaire de l'impôt foncier en faveur des propriétaires de terrains nouvellement plantés en vignes. Tel est l'objet de la loi du 1ᵉʳ décembre 1887 ainsi conçue :

« Art. 1ᵉʳ. Dans les arrondissements déclarés atteints par le phylloxéra, les terrains plantés ou replantés en vignes, âgées de moins de quatre ans lors de la promulgation de la loi, seront exempts de l'impôt foncier. Ils ne seront soumis à cet impôt que lorsque les vignes auront passé la quatrième année. Dans les arrondissements déclarés atteints ou dans ceux qui le seront postérieurement, les plantations à venir jouiront du même privilège pendant le même laps de temps. Les dispositions qui précèdent seront indépendantes de la nature des plants et du mode de culture.

« Art. 2. Dans aucun cas, la même parcelle de terre ne pourra jouir à deux reprises du bénéfice de l'article précédent.

« Art. 3. Les dégrèvements accordés en vertu de la présente loi seront imputés sur le fonds de non-valeurs.

« Art. 4. Un règlement déterminera les mesures à prendre pour assurer l'exécution de la présente loi. »

Contribution foncière (Jurisprudence).

Évaluations cadastrales. — La délibération par laquelle la commission départementale modifie, en vertu de la loi du 10 août 1871, le tarif des évaluations cadastrales, approuvé par le conseil municipal, peut être déférée par la commune au Conseil d'État pour excès de pouvoirs (Cons. d'Ét., 2 décembre 1887, *commune de Férou, Nord*). Voy., sur les modifications apportées par la loi du 10 août 1871, en cette matière, les conclusions de M. le commissaire du gouvernement Marguerie, au *Recueil des arrêts,* 1887, p. 760.

Contribution mobilière (Jurisprudence).

Maison de campagne meublée. — Le locataire qui habite pendant plusieurs mois, chaque année, une maison de campagne qu'il occupe en vertu d'un bail fait pour plusieurs années, est imposable à la contribution mobilière à raison de cette habitation, alors même qu'il enlèverait l'hiver tout ou partie de son mobilier (C. d'Ét., 9 décembre 1887, *Dubec*).

Contributions de patentes (Jurisprudence).

Profession illicite. Bookmaker. — L'exercice d'une profession illicite, dans laquelle celle de bookmaker, n'est pas susceptible de donner lieu à l'imposition de la patente (C. d'Ét., 13 mai 1887, *Wright*). — V. les conclusions conformes de M. le commissaire du gouvernement Levavasseur de Précourt, au *Recueil des arrêts,* 1887, p. 383.

Par un arrêt du 10 décembre 1887, rendu au rapport de M. le conseiller de Larouverade, la Chambre criminelle de la Cour de cassation a décidé, conformément à sa jurisprudence antérieure, que le bookmaker qui, cherchant avant tout à exploiter la passion du jeu, s'adressait indistinctement à la masse du public, et engageait des paris avec des gens qui, le plus souvent, lui étaient inconnus, commettait le délit prévu par l'article 475, n° 5 du Code pénal (Cass., Ch. crim., 10 décembre 1887, *Ministère public c. Kürten et autres*).

Société formée à l'étranger. Associés principal et secondaires. Droits fixe et proportionnel. — Une société en nom collectif, constituée à l'étranger (New-York) pour l'achat en France de marchandises destinées à être revendues à l'étranger, est en France imposable à la patente.

L'associé, qui s'occupe seul et à l'exclusion de ses coassociés des affaires traitées en France, doit être considéré comme associé principal nonobstant toute clause contraire dans l'acte d'association, et imposé en cette qualité au droit fixe entier.

Les associés qui font le commerce à l'étranger doivent être

imposés pour parties égales au second droit fixe comme associés secondaires. Ces solutions intéressantes résultent d'un arrêt du 21 janvier 1887 (Cons. d'Ét., 1887, *Mommer, Higgons et
Welpmann*).

Exemption. — Un propriétaire qui vend la glace qu'il a re-
cueillie pendant l'hiver sur ses étangs, n'est pas fondé à réclamer le bénéfice de l'exemption accordée aux cultivateurs. — Il
est imposable comme maître de glacières (C. d'Ét., 30 novembre 1887, *De Maleyssie*).

Cour des comptes (Législation).

Un décret du 12 juillet 1887 établit les formalités relatives à
la notification des arrêts de la Cour des comptes. Ce texte est
ainsi conçu :

« Art. 1er. Les arrêts de la Cour des comptes sur les comptes
des communes et des établissements assimilés aux communes,
au point de vue du jugement de leurs comptes, sont communiqués par le Ministre des Finances au préfet dans un délai de
quinze jours, à partir de la réception au ministère des finances
de l'expédition de l'arrêt adressée par le procureur général près
la Cour des comptes, conformément à l'article 39 du décret du
28 septembre 1807. — Les préfets, dans un délai de huit jours,
notifient par lettres recommandées, avec demande d'avis de
réception, aux maires et aux administrateurs des établissements
assimilés, les arrêts de la Cour des comptes communiqués par
le Ministre des Finances.

« Art. 2. Les préfets constatent, par un procès-verbal arrêté
à la fin de chaque trimestre, l'envoi aux maires et administrateurs des établissements assimilés des arrêts communiqués par
le Ministre des Finances, la date à laquelle ces arrêts ont été
notifiés et les numéros des bulletins de dépôt délivrés par la
poste. Ils adressent à la Cour des comptes, par l'intermédiaire
du Ministre des Finances, ce procès-verbal en y annexant les
bulletins de dépôt et les avis de réception.

« Art. 3. Les arrêtés des conseils de préfecture sur les comptes
des communes et des établissements assimilés sont notifiés par
les préfets aux maires et aux administrateurs de ces établissements dans un délai de quinze jours, à partir de la date de l'ar-

rêté, au moyen de lettres recommandées avec demande d'avis de réception. — Un procès-verbal est ouvert au commencement de chaque trimestre, pour constater l'envoi des arrêtés des conseils de préfecture aux maires et aux administrateurs des établissements assimilés, la date de la notification de chaque arrêté et les numéros des bulletins de dépôt délivrés par la poste. — Ce procès-verbal, auquel sont annexés les bulletins de dépôt et les avis de réception, est clos à la fin du trimestre par le préfet et conservé au greffe du conseil de préfecture.

« Art. 4. Si les notifications prescrites par les articles 1, 2 et 3 n'ont pas été faites dans les délais fixés par ces articles, toute partie intéressée peut requérir expédition de l'arrêt ou de l'arrêté et le signifier par huissier.

« Art. 5. Sont abrogés les articles 1, 2, 3 et 4 de l'ordonnance du 28 décembre 1830 et toutes les dispositions contraires au présent décret. »

Cultes. — Administration centrale (Législation).

Un décret du 16 avril 1887, porte règlement d'administration publique sur l'organisation de l'administration centrale des cultes, cette direction comprendra à l'avenir sept bureaux (Voir le *Journal officiel* du 9 avril).

Cultes (Jurisprudence).

Sonnerie de cloches. — La loi du 5 avril 1884, sur l'organisation municipale (art. 100), après avoir rappelé ou établi diverses règles, sur la sonnerie des cloches, ajoute que « les sonneries religieuses comme les sonneries civiles feront l'objet d'un règlement concerté entre l'évêque et le préfet, ou entre le préfet et le consistoire, et arrêté, en cas de désaccord, par le Ministre des Cultes. »

Mais les règlements de cette nature ne sont pas de ceux auxquels s'applique l'article 471, § 15, du Code pénal. En conséquence, en supposant que par contravention à l'un de ces règlements, il y ait eu sonnerie prohibée, cette contravention n'est pas punissable, et le jugement qui a appliqué à ses auteurs la peine de l'article 47 du Code pénal doit être cassé sans renvoi à un autre tribunal de simple police (Cass., Ch. crim., 13 mai 1887, *Ponsart, Pied et abbé Vinot*).

Paroisses protestantes. Circonscription. — Les tribunaux de l'ordre judiciaire, bien qu'investis du droit de statuer sur les réclamations formées contre la révision de la liste des électeurs consistoriaux, sont incompétents pour décider par voie d'interprétation d'actes administratifs dont le sens est contesté, si une localité est ou non comprise dans une circonscription paroissiale (Cass., 12 juillet 1887, *Rabier et Garrigat, élections de Périgueux, Dordogne*).

Cette doctrine avait déjà été consacrée par la chambre civile en matière de révision des listes électorales municipales. (Voy. 26 mai 1880, *Curet* contre *élect. de Dourdan;* 4 mai 1880, *Lugagne* contre *élect. de Servian.*)

Départements (Législation).

L'article 58, § 7, de la loi du 10 août 1871 fait figurer parmi les recettes ordinaires des départements une allocation qui leur est attribuée par la loi annuelle des finances, sur les fonds généraux de l'État. Cette subvention avait été fixée invariablement à 4 millions depuis l'année 1871.

Cette année, en raison des nécessités budgétaires, cette subvention a été réduite à 3,600,000 francs, et la loi du 26 juillet 1887 en a fait une distribution nouvelle dans le tableau annexé. Voici le texte de cette loi :

« Article unique. — La répartition du fonds de subvention affecté par l'article 58, paragraphe 7, de la loi du 10 août 1871 aux dépenses des départements qui, en raison de leur situation financière, doivent recevoir une allocation sur les fonds généraux du budget, est réglée, pour l'exercice 1888, conformément à l'état annexé à la présente loi.

« Le gouvernement est autorisé à prélever sur le total du crédit une somme qui, en aucun cas, ne pourra dépasser cinq pour mille (5 p. 1,000), et qui sera attribuée aux frais d'impressions, dépenses diverses et imprévues du service départemental. »

Ain	100,800
Allier	45,000
Alpes (Basses-)	171,000
A reporter	316,800

Report.	316,800
Alpes (Hautes-)	160,000
Alpes-Maritimes	152,100
Ardèche	156,600
Ariège	131,000
Aube	22,400
Aveyron	81,000
Cantal	81,000
Cher	108,000
Corrèze	110,000
Corse	237,000
Côtes-du-Nord	27,000
Creuze	120,000
Drôme	43,200
Indre	117,900
Jura	8,000
Landes	147,000
Loir-et-Cher	55,800
Loire (Haute-)	54,000
Lot	54,000
Lozère	150,000
Marne (Haute-)	8,000
Mayenne	34,200
Meuse	24,000
Morbihan	24,000
Nièvre	45,000
Pyrénées (Basses-)	85,500
Pyrénées (Hautes-)	82,000
Pyrénées-Orientales	94,500
Belfort	6,300
Saône (Haute-)	14,400
Savoie	211,000
Savoie (Haute-)	244,000
Sèvres (Deux-)	31,500
Tarn	24,000
Var	36,000
Vaucluse	90,000
Vendée	27,000
Vienne	589,500
Vienne (Haute-)	81,000
Vosges	44,000
Total	3,597,200

Domaine maritime.

Port. Navire coulé dans un avant-port. Ordre d'enlèvement. Contravention. Abandon du navire. Libération. Compétence. — L'abandon du navire et du fret, dans les termes de l'article 216 du Code de commerce, complété par la loi du 12 août 1885, constitue un mode de libération, que le propriétaire d'un navire échoué dans une rade peut opposer à l'État, devant la juridiction administrative (Cons. d'Ét., 27 mai 1887, *Chéragay*).

Le conseil de préfecture, saisi d'un procès-verbal de contravention de grande voirie, est compétent pour statuer sur le mode de libération opposé par le propriétaire du navire (Cons. d'Ét., 27 mai 1887, *Chégaray*).

Rivages de la mer. Enlèvement de gravier. Contravention. Relaxe. — Le seul fait d'enlever des matériaux sur les dépendances du domaine maritime ne constitue pas une contravention à l'ordonnance d'août 1681, en dehors de toute circonstance de nature à porter préjudice à la navigation.

Ce fait n'entraîne pas non plus l'application de la loi du 29 floréal an X, si aucun dommage n'est allégué.

S'il s'agit seulement de l'inobservation des dispositions d'un arrêté préfectoral, réglementant l'extraction de sable sur le rivage de la mer, la répression de cette contravention n'appartient pas au conseil de préfecture. Elle est seulement de la compétence du trib. de simple police. (Cons. d'Ét., 25 novembre 1887, *Marchesseau*).

Douanes (Législation).

Farineux. — Une loi du 28 mars 1885, avait élevé à 3 francs le droit de douanes fixé par le tarif général annexé à la loi du 7 mai 1881 pour les blés. Cette taxe a paru insuffisante pour protéger l'agriculture française contre l'importation des produits de l'étranger. Sur la proposition de plusieurs députés, la Chambre a été saisie de diverses propositions tendant à élever ce droit. Ces propositions ont abouti à la loi du 29 mars 1887, ainsi conçue :

« Art. 1er. A partir de la promulgation de la présente loi, le tableau A du tarif général des douanes établi par les lois des 7 et 8 mai 1881 et 28 mars 1885, est modifié ainsi qu'il suit :

MATIÈRES VÉGÉTALES.	DROITS (décimes et 4 p. 0/0 compris).	
	UNITÉS sur lesquelles portent les droits.	PRODUITS d'origine européenne ou importés directement d'un pays hors d'Europe.
Farineux alimentaires.		
Froment, épeautre et méteil .... Grains.................	100 kil.	5 »
Grains concassés ...... Farines et boulanges contenant plus de 10 p. 0/0 de farine.....	—	3 »
Avoine......................	—	3 »
Biscuit de mer...................	—	8 »
Gruaux, semoules en gruaux (grosse farine), grains perlés ou mondés................	—	8 »
Semoules en pâte et pâtes d'Italie............	—	8 »
Sagou, salep et fécules exotiques..............	—	8 »

« Dans des circonstances exceptionnelles et quand le prix du pain s'élèvera à un taux menaçant pour l'alimentation publique, le Gouvernement pourra, en l'absence des Chambres, suspendre en tout ou en partie les effets de la présente loi, par un décret du Président de la République, rendu en conseil des ministres.

« Dans ce cas, la mesure prise par le gouvernement devra être soumise à ratification aussitôt les Chambres réunies.

« Art. 2. Dans tous les chefs-lieux des cantons et les communes ayant plus de 1,500 habitants, les municipalités feront publier et afficher à la mairie, dans les huit premiers jours de chaque mois, les cours des blés et farines sur les marchés de département pendant le mois précédent. »

Bestiaux. — Une loi du 5 avril 1887 a modifié le tarif général en ce qui concerne les bestiaux :

« Art. 1er. A partir de la promulgation de la présente loi, le tableau A du tarif général des douanes, établi par les lois des 7 et 8 mai 1881 et du 28 mars 1885, est modifié ainsi qu'il suit :

ANIMAUX VIVANTS.	UNITÉS sur lesquelles portent les droits.	DROITS décimes et 4 p. 0/0 compris.
Bœufs	Par tête	38 fr.
Vaches...........................	Par tête	20 —
Veaux	Par tête	8 —
Béliers, brebis, moutons..........	Par tête..........	5 —
Viandes fraîches.................	Par 100 kilog.....	12 —

« Art. 2. Il sera établi à la frontière un service d'inspection sanitaire, ayant pour objet d'examiner les viandes fraîches abattues avant leur entrée en France. Un droit de visite, qui sera ultérieurement fixé par le Gouvernement, sera payé par l'importateur.

« Art. 3. Un règlement d'administration publique pourvoira à l'application de la présente loi.

Admissions temporaires. — Le *Journal officiel* du 25 janvier 1888, a promulgué un décret daté du 24 précédent aux textes duquel :

« Art. 1er. Les fontes d'affinage admises temporairement en franchise devront être transportées dans les usines autorisées à les mettre en œuvre. Le service des douanes prendra les mesures nécessaires pour assurer l'arrivée de ces produits à destination.

« Art. 2. Les crédits d'importation déjà ouverts seront valables pendant six mois, à partir de la date du présent décret, sous les conditions déterminées par les règlements antérieurs.

« Le présent décret ne sera pas applicable aux opérations déjà engagées en vertu de marchés dont il sera régulièrement justifié devant le comité consultatif des arts et manufactures.

« Art. 3. Sont maintenues toutes les dispositions des décrets des 15 février 1862 et 9 janvier 1870 qui ne sont point contraires au présent décret. »

Douanes (Jurisprudence).

Procès-verbaux. — *Inscription de faux.* — Les procès-verbaux réguliers, établissant que des agents des douanes ont vu et reconnu les auteurs d'un délit de contrebande, font foi jusqu'à inscription de faux. En conséquence, c'est à tort qu'un arrêt ordonne un avant faire droit sur la question de savoir si un des délinquants désignés dans le procès-verbal, comme coauteur d'un délit de contrebande, est ou non la personne que les agents ont déclaré, dans leur procès-verbal, avoir reconnu. Cet arrêt viole l'article 9 de la loi du 9 floréal an VII et l'article 154 du Code d'instruction criminelle (Cass., 13 décembre 1887, *Administration des douanes*).

Droit constitutionnel. — Présidence de la République.

Élection du Président de la République. — M. Jules Grévy a adressé, le 2 décembre 1887, à MM. les présidents du Sénat et de la Chambre des députés sa démission de Président de la République française. — Les Chambres ont donné acte de la démission et se sont réunies le 3 décembre à deux heures, à Versailles, en Assemblée nationale, à l'effet de nommer un nouveau Président de la République. — M. Carnot, député, a été élu Président de la République au second tour de scrutin, par 616 voix sur 827 votants. — Après la proclamation du vote, le conseil des ministres a porté à M. Carnot le procès-verbal de la séance constatant sa nomination.

Élections (Jurisprudence).

§ 1. LISTES ÉLECTORALES. — *Indignité.* — Le décret du 2 février 1852, porte, article 15, § 6 ... ne doivent pas être inscrits sur la liste électorale : ... les individus qui, par application de l'article 8 de la loi du 27 mai 1819, auront été condamnés pour outrage aux bonnes mœurs... Cette disposition a-t-elle été abrogée par les lois du 29 juillet 1881 et du 2 août 1882? L'indignité prévue par ce décret a-t-elle disparu? Telle est la question délicate que la Cour de cassation a tranchée par la négative, en cassant le jugement du tribunal de paix de Boulogne-sur-Mer, qui avait ordonné l'inscription sur la liste électorale d'un journaliste, condamné par application de la loi du 2 août 1882, à l'amende pour outrage aux bonnes mœurs. — Voy. Cass.; Ch. civ., 18 avril 1888, arrêt rendu sur les conclus. conf. de M. l'avocat général Desjardins.

§ 2. CONSEIL GÉNÉRAL. — *Élections simultanées. Bulletins*

déposés dans une seule urne. — Lorsque, dans une commune, les bulletins destinés à l'élection d'un conseiller général et ceux destinés à l'élection d'un conseiller d'arrondissement qui ont lieu le même jour, sont déposés dans une seule urne, ces bulletins doivent entrer en compte pour le calcul de la majorité absolue.

L'élection du conseiller élu ne doit être être maintenue qu'au cas où le résultat des autres communes est tel qu'il ne puisse être modifié par le vote régulier de la commune où les opérations des deux élections ont été faites dans une seule urne (Cons. d'Ét., 6 avril 1887, deux arrêts, *élect. de Poissons,* et *élect. de Bourg-Argental*).

Le *trésorier-comptable d'une association syndicale forcée* est éligible au conseil général, on ne saurait le considérer par application de l'article 8 de la loi du 10 août 1871, comme employé à la perception et au recouvrement des contributions directes.

Doit-il être considéré comme fonctionnaire subventionné sur des fonds départementaux, par le fait que le département accorde une subvention à l'association? *Rés. nég.*

Un *instituteur public* du canton est éligible au conseil général. La loi du 30 octobre 1886 n'a prononcé aucune incompatibilité au point de vue électoral, et celle du 16 juin 1881 ne saurait faire considérer les instituteurs comme agents subventionnés sur les fonds départementaux. — (27 mai 1887, *élect. de Beaurepaire*, *Saône-et-Loire.*)

Un *député* du département qui n'y est pas domicilié, qui n'y est pas inscrit au rôle d'une des contributions directes, et qui ne justifie ni qu'il doive y être inscrit, ni qu'il y ait hérité avant le 1er janvier de l'année de l'élection d'une propriété foncière dans le département, y est-il éligible au conseil général? *Rés. nég.* — Rejet d'une objection tirée de ce que ledit député serait compris parmi les électeurs sénatoriaux (Cons. d'Ét., 1er avril 1887, *élect. de Domène, Isère*).

Réclamations (procédure). *Absence de recensement général.* — Lorsqu'il n'a pas été procédé à un recensement général des votes par le bureau du chef-lieu de canton, le Conseil d'État, saisi dans le délai légal d'une protestation relevant seulement certains faits de pression, est-il appelé, de plein droit, à procéder au recensement d'après le chiffre des procès-verbaux de chaque commune, alors même que le grief tiré du défaut de majorité absolue n'aurait pas été produit dans la protestation primitive? *Rés. aff.* — Voy. les conclusions de M. le commissaire du gouvernement Le Vavasseur de Précourt, *Recueil des arrêts,* 1887, p. 6. —(Cons. d'État, 7 janvier 1887, *Basses-Alpes, élect. de Valensole.*)

Délai. Second tour. Demande reconventionnelle. Moyen de défense. — Lorsqu'au premier tour de scrutin aucun candidat n'est proclamé à raison du défaut de majorité absolue, et que la décision de la commission de recensement déclarant le ballottage est annulée par le Conseil d'État qui proclame, au contraire, élu l'un des deux candidats en présence au premier tour et annule par voie de conséquence le second tour de scrutin, — le candidat proclamé à la suite de cette seconde opération est-il recevable, même après l'expiration du délai de dix jours fixé par la loi du 31 juillet 1875, à articuler contre la première opération tout grief de nature à la faire invalider? *Rés. aff.* — Ces griefs ne constituent que des moyens de défense (Cons. d'Ét., 25 mars 1887, deux arrêts, *élect. de Saint-Donat,* et *élect. de Vielle-Aure*). — Voy. les conclusions de M. le commissaire du gouvernement Valabrègue, au *Recueil des arrêts,* 1887, p. 266.

En conséquence, le conseil peut, après avoir proclamé élu le candidat qui a obtenu la majorité au premier tour, annuler l'élection de ce candidat à raison de manœuvres relevées dans les conclusions du candidat proclamé au second tour (Cons. d'Ét., 25 mars 1887, *élect. de Vielle-Aure, Basses-Pyrénées*).

§ 3. CONSEIL MUNICIPAL. — *Convocation des électeurs. Délai.* — L'article 12 *in fine* de la loi du 5 avril 1884 doit-il être interprété en ce sens que l'administration doit, dans le délai de deux mois, réunir ou simplement *convoquer* l'assemblée électorale? — *Rés. impl. dans le premier sens.*

Le retard dans la réunion du corps électoral, résultant de la violation de cette disposition, n'entraîne pas à lui seul, s'il n'y a pas eu manœuvre, l'annulation des élections (Cons. d'Et., 14 janvier 1887, *élect. de Gémenos*).

— Le délai de quinze jours qui, d'après l'article 15 de la loi du 5 avril 1884, doit s'écouler entre la publication de l'arrêté de convocation dans la commune et l'élection, est prescrit à peine de nullité. Dans l'espèce, la convocation ayant été faite le 6 pour le 20 mars, l'élection a été annulée (Cons. d'Ét., 18 novembre 1887, deux arrêts, *élect. d'Ain-Boudinard,* et *élect. d'Houeillès*).

Maire. — Les élections auxquelles il a été procédé sur une convocation du maire, après leur renvoi à un autre jour que celui fixé par le préfet, sont-elles entachées de nullité? *Rés. off.* — Il n'appartient qu'au préfet de convoquer les électeurs (Cons. d'Et., 5 août 1887, *élect. de Saint-Pons, Hérault*).

Incapacité. Indigent. — La disposition de l'article 32, § 3, de laquelle il résulte que ceux qui sont dispensés de subvenir aux charges communales sont inéligibles au conseil municipal, n'atteint que les individus dispensés par une décision expresse du conseil municipal de subvenir auxdites charges. — L'omission au rôle ne saurait entraîner l'inégibilité (Cons. d'Et., 25 novembre 1887, *élect. de Saint-Maurice-sur-Loire*).

§ 4. MAIRES ET ADJOINTS. — *Convocation des électeurs. Préfet. Urgence.* — L'appréciation des motifs pour lesquels le préfet, agissant en vertu des pouvoirs qui lui sont conférés par l'article 48 de la loi municipale, autorise l'adjoint à convoquer d'urgence le conseil municipal pour l'élection du maire, n'est pas susceptible d'être discutée devant le Conseil d'État à l'occasion du recours dirigé contre les opérations électorales. Cet arrêté rentre, en effet, dans l'exercice du pouvoir discrétionnaire de l'administration (Cons. d'État, 6 août 1887, *élect. d'Usseau*).

Urne. — L'article 25, § 4, de la loi du 8 avril 1884, qui prescrit de recevoir les bulletins pour l'élection des conseillers municipaux dans une boîte fermée à deux serrures, ne s'applique pas à l'élection des municipalités. Dans l'espèce, le conseil décide que le secret du vote a été conservé, bien que les bulletins aient été recueillis dans la calotte du secrétaire de la mairie (Cons. d'Ét., 18 novembre 1887, *élect. de Bondy, Seine*).

Élections (Droit comparé).

Angleterre. — Une loi du 28 avril 1885, porte que dorénavant à toutes les élections parlementaire ou municipale, le scrutin, s'il est ouvert, c'est-à-dire s'il n'y a pas contradiction, commencera à 8 heures du matin, pour être clos à 8 heures du soir. En outre, une loi du 21 mai 1885 a établi les règles de la confection des listes électorales, en Angleterre, en Écosse et en Irlande. Enfin, la loi du 25 juin 1885, contient la répartition des sièges pour les élections parlementaires. Cette loi élève le nombre des membres de la Chambre des communes de 652 à 670 : Angleterre 495, Écosse 72, Irlande 103.

Belgique. — Une loi du 22 août 1885 a eu pour objet d'apporter plusieurs modifications à la loi électorale. Cette loi tranche un certain nombre de difficultés qui s'étaient élevées dans la pratique, au sujet de la question de savoir qui doit être considéré comme principal occupant, lorsque le père, la mère a plusieurs associés occupés en commun des locaux, à raison desquels ils sont passibles de contribution susceptible de faire acquérir le sens. Elle règle aussi la procédure et le contentieux de la revision des listes électorales.

Enregistrement (Jurisprudence).

Déclaration estimative. Biens étrangers. Mines (concession de). Vente. Droit de transmission. — L'administration de l'Enregistrement peut percevoir les droits qui lui sont dus, sans une déclaration estimative des parties, alors que les actes présentés à l'enregistrement en même temps que l'acte sur lequel s'est faite la perception litigieuse, lui fournissent les éléments nécessaires à l'établissement de la taxe.

Le caractère mobilier ou immobilier des biens situés à l'étranger est déterminé par la loi étrangère et non par la loi française. Spécialement, les concessions de mines en Russie étant meubles, c'est la législation française applicable aux meubles situés à l'étranger qui détermine les droits applicables à la transmission des concessions de mines en Russie.

La loi n'assujettit à l'impôt les mutations opérées en France des valeurs étrangères qu'autant qu'il s'agit de valeurs incorporelles et non de meubles corporels ayant leur assiette à l'étranger. Dès lors, la vente opérée en France de concessions de mines situées en Russie n'est soumise à aucun droit (Cass., Ch. civ., 5 avril 1887, *Messimy*).

Taxe sur le revenu des valeurs mobilières. — Aux termes de l'article 4 de la loi du 29 juin 1872, les titres étrangers ne peuvent être cotés, négociés et mis en vente, en France, qu'en se soumettant à l'acquittement de la taxe sur le revenu, ainsi que des droits de timbre et de transmission.

La généralité des termes de cette loi, embrasse tous les modes de circulation en France de valeurs étrangères : négociations en banque, à la bourse, à la coulisse. En conséquence, un placement d'actions d'une société étrangère, sur le marché français, rend la société imposable à la taxe prévue par la loi de 1872, alors même que les titres anciens auraient été réservés aux anciens actionnaires (Cass., civ., 7 mai 1888, *Société l'Union* c. *le Phénix espagnol*).

Enseignement primaire (Législation).

Pour compléter l'exécution de la loi du 30 octobre 1886, relative à l'organisation primaire (Voy. le texte de cette loi, *Supp.*, 1886, p. 28), le gouvernement a promulgué, dans le cours de l'année 1887, deux règlements d'administration publique très importants. Le premier, du 18 janvier 1887, contient surtout les dispositions pédagogiques relatives à l'enseignement primaire, il a été délibéré par le Conseil supérieur de l'instruction publique. Il renferme 240 articles. Le second, en date du 7 avril 1887, qui a été pris après l'avis du Conseil d'État, porte règlement d'administration publique pour la création et la suppression des écoles primaires publiques.

Ce décret est ainsi conçu :

CHAPITRE PREMIER.

CRÉATION, ÉTABLISSEMENT ET SUPPRESSION D'ÉCOLE DANS UNE COMMUNE.

« Art. 1er. La demande de création ou de suppression d'une des écoles ou des classes énumérées dans l'article 1er de la loi du 30 octobre 1886 ne peut être portée devant le conseil départemental que par le préfet.

« Art. 2. Lorsque l'école ou la classe à créer n'est pas de celles dont l'établissement donne lieu à une dépense obligatoire pour la commune, le préfet ne peut saisir le conseil départemental que sur la demande de la commune et après avis de l'inspecteur d'académie.

« Art. 3. Lorsque, sur la proposition de l'inspecteur d'académie, le préfet reconnaît qu'il est nécessaire de créer une des écoles ou des classes destinées à l'enseignement primaire public, et dont l'établissement donne lieu à une dépense obligatoire pour la commune, il invite le maire à provoquer une délibération du conseil municipal, dans le délai d'un mois, sur la création proposée.

« Art. 4. Si le conseil municipal a émis un avis favorable à la création de l'école, le préfet saisit le conseil départemental dans sa plus prochaine session. — Lorsque le conseil municipal repousse la création proposée ou qu'il n'a pas délibéré dans le délai d'un mois, le préfet saisit, s'il y a lieu, le conseil départemental, après avoir consulté la délégation cantonale. — Le dossier transmis au conseil départemental comprend : 1° Le rapport de l'inspecteur d'académie; 2° la délibération du conseil municipal; 3° le plan topographique de la commune avec indication, s'il y a lieu, des écoles déjà établies; 4° l'avis de la délégation cantonale; 5° s'il s'agit de créer une école spéciale de filles, le relevé des deux derniers dénombrements officiels. — Toute décision du conseil départemental adoptant ou rejetant une proposition de création d'école ou de classe est soumise à l'approbation du ministre de l'Instruction publique.

« Art. 5. Si le conseil départemental ou le ministre, appelés à statuer sur la création d'une école ou d'une classe, estiment que le service scolaire peut être légalement assuré par un autre moyen que celui qui est proposé, le préfet ordonne une instruction nouvelle.

« Art. 6. Le préfet notifie au maire la décision du conseil départemental approuvée par le ministre et ordonnant la création de l'école ou de la classe. Il prescrit en même temps la convocation du conseil municipal pour qu'il ait à délibérer dans le plus bref délai sur les moyens de pourvoir à l'établissement de l'école ou de la classe et au logement des maîtres : construction, acquisition ou location d'une maison, aménagement d'un immeuble appartenant à la commune.

« Art. 7. Quand l'établissement de l'école ou de la classe doit, d'après la décision prise par le conseil municipal, entraîner des travaux de construction ou d'appropriation, le maire fait établir les plans et devis. Le conseil municipal doit, après les avoir adoptés, voter les crédits et créer les ressources nécessaires. — Les plans et devis sont soumis à l'inspecteur d'académie, qui examine si le local que la commune propose est convenable et suffisant. Sur le rapport de l'inspecteur d'académie, et après avoir consulté le comité départemental des bâtiments civils, le préfet décide qu'il sera donné suite au projet ou que le conseil municipal sera invité à présenter un autre projet.

« Art. 8. Les dispositions de l'article qui précède sont applicables au cas où le conseil municipal a voté l'acquisition d'une maison. — S'il y a lieu de recourir à l'expropriation, le décret déclaratif d'utilité publique doit être rendu après avis du Conseil d'État.

« Art. 9. Lorsque le conseil municipal a décidé que l'école ou la classe serait établie dans un immeuble appartenant à la commune ou pris à loyer par elle, le plan des locaux qui doivent être affectés au service scolaire et au logement des maîtres et, en cas de location, les conditions du bail sont soumis à l'examen de l'inspecteur d'académie et à l'approbation du préfet. Celui-ci invite le maire à conclure le bail, qui doit être passé par écrit.

« Art. 10. Lorsque le conseil municipal a voté un emprunt de trente ans au moins, destiné à pourvoir en totalité ou en partie à la dépense prévue, et a décidé qu'une subvention serait demandée à l'État en vertu de la loi du 20 juin 1885, le préfet, après avoir consulté sur les plans et devis l'inspecteur d'académie et le comité départemental des bâtiments civils, porte la demande de subvention au conseil général dans sa plus prochaine session. — Dès que le conseil général a donné son avis, ou immédiatement après la clôture de la session qui suit celle dans laquelle il a été saisi, s'il a refusé ou négligé de statuer, le préfet adresse au ministre de l'instruction publique le dossier de l'affaire.

« Art. 11. Si le ministre approuve le projet de construction, d'acquisition ou d'appropriation, ainsi que les plans et devis des travaux, il détermine le montant de la subvention de l'État conformément au décret du 15 février 1886 et fixe le délai dans lequel les travaux devront être exécutés. — Toutefois, en cas d'avis défavorable ou en l'absence d'avis du conseil général, la subvention ne peut être allouée que par décret rendu en Conseil d'État, conformément à l'article 10 de la loi du 20 mars 1883.

« Art. 12. Lorsqu'une commune reçoit une subvention de l'État en vertu de la loi du 20 juin 1885, le préfet charge un membre du comité départemental des bâtiments civils ou un délégué spécial de visiter les travaux et de vérifier s'ils s'exécutent conformément aux plans approuvés. Les frais et honoraires de cette vérification sont compris dans les prévisions du devis.

« Art. 13. Pendant l'exécution des travaux, la part de l'État dans l'annuité de l'emprunt n'est payée que sur la production d'un certificat délivré par le délégué nommé en exécution de l'article qui précède. Ce certificat doit constater que les travaux s'exécutent conformément aux plans approuvés par le ministre. — La même formalité est exigée pour le paiement de la première annuité venant à échéance après la réception provisoire des travaux. — Si la dépense à laquelle s'applique la subvention de l'État comprend l'achat d'un mobilier scolaire, il doit être produit, pour le paiement de l'annuité venant à échéance après l'ouverture de l'école, un certificat délivré par l'inspecteur d'académie et constatant que la commune est en possession du mobilier tel qu'il a été détaillé au devis.

« Art. 14. Dans le cas où les travaux sont interrompus ou ne sont pas exécutés conformément aux plans approuvés par le ministre, le paiement de la subvention de l'État est suspendu. — Si, après une mise en demeure adressée par le préfet à la commune, l'irrégularité signalée continue et si la modification est de nature à rendre le local moins propre à l'usage auquel il est destiné, le ministre de l'Instruction publique peut déclarer, par une décision motivée, la commune déchue de tout droit à la subvention de l'État. Cette décision est immédiatement notifiée au maire et portée à la connaissance des ministres de l'Intérieur et des Finances. — La commune contre laquelle la déchéance a été prononcée doit reverser au Trésor les sommes qu'elle a déjà reçues pour la part de l'État dans les annuités. — Le délai de ce remboursement est fixé par une décision prise de concert par le ministre de l'Intérieur et le ministre des Finances.

« Art. 15. Dans le cas où les travaux de construction ou d'appropriation sont exécutés conformément aux plans approuvés par le préfet ou par le ministre, l'article 13 du décret du 18 janvier 1887 n'est pas applicable.

« Art. 16. Lorsque, par suite du rabais de l'entreprise ou pour toute autre cause, la dépense n'a pas atteint le chiffre sur lequel a été calculée la subvention de l'État, il y a lieu, conformément au quatrième paragraphe de l'article 5 de la loi du 20 juin 1885, de réduire cette subvention proportionnellement à l'économie réalisée. En conséquence, chacune des annuités restant à payer sur les fonds de l'État, jusqu'au complet amortissement de l'emprunt, est diminuée de la somme nécessaire pour que le chiffre total de la subvention soit égal à la somme qui eût dû être allouée en raison de la dépense réellement faite. — Les sommes provenant de l'emprunt et restant disponibles par suite de l'économie réalisée doivent être remboursées au prêteur ou placées au nom de la commune en rente nominative sur l'État. Les arrérages seront employés à couvrir l'augmentation mise à la charge de la commune dans le service des annuités à raison de la réduction de la part incombant à l'État.

« Art. 17. Il y a également lieu à réduction proportionnelle conformément à l'article qui précède, dans le cas où la dépense n'a atteint le chiffre sur lequel a été calculée la subvention de l'État que par suite de modifications ou d'additions non approuvées par le ministre de l'Instruction publique et ne provenant pas de cas de force majeure.

« Art. 18. Les simples réparations à effectuer dans un immeuble appartenant à la commune ou pris à bail ne peuvent donner lieu à aucune subvention allouée par l'État en exécution de la loi du 20 juin 1885.

« Art. 19. Lorsque, pour une cause quelconque, le local dans lequel est installé une école ou une classe a cessé d'être propre à cet usage, le préfet, sur le rapport de l'inspecteur d'académie, et après avis du conseil départemental de l'instruction publique, met la commune en demeure de faire dresser les plans et devis des travaux nécessaires à l'expropriation du local et de pourvoir à la dépense. Il fixe le délai dans lequel ces travaux doivent être exécutés. — En cas de refus de la commune, il peut prononcer l'interdiction du local. — Dans le cas où il s'agit d'une école ou d'une classe dont l'établissement donne lieu à une dépense obligatoire, si la commune refuse ou néglige de faire exécuter les travaux ou de fournir un autre local, le préfet pourvoit à l'exécution d'office, conformément aux dispositions contenues dans le chapitre 3 du présent décret.

« Art. 20. Lorsqu'un conseil municipal, sans avoir été mis en demeure, a décidé qu'une école ou une classe sera transférée dans un local nouveau, ou lorsqu'il s'agit d'installer une école dont l'établissement ne donne pas lieu à une dépense obligatoire pour la commune, le plan du local est soumis à l'examen de l'inspecteur d'académie et à l'approbation du préfet. — Si le conseil municipal a voté un emprunt de trente ans au moins en réclamant la subvention de l'État, le conseil général est appelé à donner son avis, et les articles 10, 11, 12, 13, 14, 15, 16 et 17 du présent décret sont applicables.

« Art. 21. Lorsque la suppression d'une école ou d'une classe est demandée, l'instruction et la décision sont soumises aux règles édictées par les articles 2, 3 et 4 du présent décret.

CHAPITRE II.

CRÉATION ET ÉTABLISSEMENT D'ÉCOLE DANS UNE CIRCONSCRIPTION S'ÉTENDANT SUR LE TERRITOIRE DE PLUSIEURS COMMUNES.

« Art. 22. Le conseil départemental ne peut autoriser la réunion de deux ou plusieurs communes limitrophes pour l'établissement et l'entretien d'une école que si toutes les communes intéressées y consentent. — Il ne peut prescrire le rattachement des hameaux dépendant d'une commune à l'école d'une commune voisine, ou l'extension de la circonscription d'une école de hameau sur le territoire de plusieurs communes, que si l'une au moins des communes intéressées y consent.

« Art. 23. Lorsque des hameaux voisins les uns des autres et appartenant à des communes limitrophes sont situés à plus de trois kilomètres des chefs-lieux de leurs communes respectives et forment ensemble un centre de population comprenant un effectif d'au moins vingt enfants d'âge scolaire, le conseil départemental peut, malgré l'avis contraire des conseils municipaux, réunir ces hameaux en une circonscription qui sera pourvue d'une école.

« Art. 24. Lorsqu'une circonscription scolaire s'étendant sur plusieurs communes comprend 500 habitants au moins, le conseil départemental peut y créer une école spéciale de filles, malgré l'opposition des conseils municipaux.

« Art. 25. Dans les cas énumérés par les trois articles qui précèdent, l'instruction de l'affaire peut être provoquée soit par une ou plusieurs des communes, intéressées, soit par l'inspecteur d'académie, soit enfin par le conseil départemental ou le ministre de l'Instruction publique, ainsi qu'il a été dit à l'article 5 du présent décret.

« Art. 26. Si la mesure est demandée par l'inspecteur d'académie ou par une ou plusieurs des communes intéressées, la demande est adressée au préfet et accompagnée : 1° d'un plan d'ensemble de la circonscription scolaire avec l'indication de l'emplacement où devait être établie l'école à créer; 2° d'un certificat de l'agent-voyer constatant que tous les groupes d'habitants compris dans la circonscription ne sont pas éloignés de plus de trois kilomètres de l'école à créer et indiquant les voies de communication. — La demande indique en outre, s'il y a lieu, la proportion dans laquelle chaque commune consentirait à contribuer dans la dépense d'établissement et d'entretien de l'école.

« Art. 27. Le préfet, après avoir pris l'avis de l'inspecteur d'académie, invite les maires des communes qui ne se sont pas associées à la demande à faire délibérer les conseils municipaux et à lui adresser dans le délai d'un mois les extraits des délibérations.

« Art. 28. Si l'instruction est provoquée par le conseil départemental ou par le ministre de l'Instruction publique, le préfet invite l'inspecteur d'académie à proposer telle mesure qu'il juge convenable pour assurer le service scolaire et à indiquer les limites de la circonscription. — Dès que le préfet a reçu la proposition de l'inspecteur d'académie, il la communique aux communes intéressées, conformément à l'article qui précède.

« Art. 29. — Les conseils municipaux consultés indiquent dans leurs délibérations la proportion dans laquelle ils estiment que leurs communes devront contribuer aux frais d'établissement et d'entretien de l'école.

« Art. 30. Sur le vu des délibérations des conseils municipaux ou à l'expiration du délai fixé par l'article 27, le préfet saisit, s'il y a lieu, le conseil départemental. La décision de ce conseil est soumise à l'approbation du ministre de l'Instruction publique. — Lorsque le conseil départemental autorise ou prescrit une des mesures déterminées par les articles 22, 23, et 24 ci-dessus, il constate, s'il y a lieu, l'accord intervenu pour la répartition de la dépense, et, en cas de désaccord entre les communes, il donne son avis sur cette répartition.

« Art. 31. Lorsque la décision favorable au projet a été approuvée par le ministre, le préfet, sur l'avis donné par le conseil départemental conformément à l'article qui précède, fixe la proportion dans laquelle chaque commune devra contribuer aux frais d'établissement et d'entretien de l'école. Il doit être tenu compte pour cette répartition de la valeur du centime dans les communes intéressées et du chiffre de la population de chacune d'elles dans la circonscription scolaire. L'arrêté du préfet est notifié aux communes intéressées en même temps que la décision du conseil départemental, et il est procédé conformément à l'article 6 du présent décret.

« Art. 32. Lorsque les communes sont d'accord pour établir l'école par un des moyens indiqués dans l'article 6, le maire de la commune sur le territoire de laquelle cette école doit être établie est chargé de l'exécution de la décision. — Il fait établir, s'il y a lieu, les plans et devis des travaux de construction ou d'appropriation et les soumet à l'examen du conseil municipal, en l'invitant à voter les crédits et les ressources nécessaires. Il transmet ensuite les pièces au préfet avec copie des délibérations prises.

« Art. 33. Le préfet, après avoir consulté l'inspecteur d'académie sur le choix du local, communique les plans et devis aux quatre communes intéressées et les invite à fournir leurs observations, s'il y a lieu, dans le délai d'un mois, à voter les crédits et à créer les ressources nécessaires. — A l'expiration de ce délai, le préfet soumet les plans et devis et les observations des conseils municipaux au comité départemental des bâtiments civils. Sur l'avis de ce comité, le préfet approuve le projet ou ordonne un supplément d'étude.

« Art. 34. Lorsque le projet adopté par les conseils municipaux des communes intéressées comporte une acquisition ou une location d'immeubles, le maire de la commune où est situé l'immeuble passe le contrat au nom de cette commune. Il y est fait mention de l'affectation de l'immeuble au service scolaire et du droit de jouissance des communes intéressées. — Le projet d'acquisition ou de location et les plans et devis des travaux d'expropriation sont soumis à l'examen de l'inspecteur d'académie et à l'approbation du préfet. Le dernier paragraphe de l'article 33 ci-dessus est applicable. — Au cas de location, le montant du loyer est réparti entre les communes par les conseils municipaux et, en cas de désaccord, par le préfet après avis du conseil départemental, conformément à l'article 31. — Lorsqu'il est nécessaire de recourir à l'expropriation, le décret déclaratif d'utilité publique est rendu en Conseil d'État.

« Art. 35. Lorsque les communes sont d'accord pour établir l'école dans une maison appartenant à l'une d'elles, les conseils municipaux doivent fixer une indemnité annuelle à payer à la commune propriétaire par chacune des autres communes intéressées. S'ils ne peuvent s'entendre pour la fixation de cette indemnité ou pour la contribution de chacune des communes, le préfet statue, après avis du conseil départemental, conformément à l'article 31.

« Art. 36. Si, pour l'établissement de l'école, les conseils municipaux proposent des moyens différents ou s'ils ne sont pas d'accord sur les travaux de construction ou d'appropriation à exécuter, ils sont mis en demeure de délibérer à nouveau et de transmettre au préfet, dans le délai de deux mois, le résultat de leurs délibérations. Il leur est rappelé qu'ils peuvent provoquer une conférence intercommunale, conformément à l'article 117 de la loi du 5 avril 1884. — Si, à l'expiration du délai de deux mois, les conseils municipaux n'ont pas tous répondus ou si le désaccord subsiste, il est procédé d'office à l'établissement de l'école, d'après les règles établies au chapitre III du présent décret.

« Art. 37. Lorsque, pour une ou plusieurs des communes intéressées, la dépense doit être couverte par un emprunt et par une subvention de l'État, il est fait application des articles 10 et 11 ci-dessus. — La subvention de l'État est fixée distinctement pour chacune des communes obligées d'y avoir recours. Lorsque la dépense prévue excède le chiffre fixé au tableau A de la loi du 20 juin 1885, la subvention est calculée sur le chiffre de l'emprunt nécessaire à la commune pour couvrir sa part dans la dépense ramenée au maximum dudit tableau. — Les articles 12 et 13 du présent décret sont applicables.

« Art. 38. Dans le cas où les travaux ne sont pas exécutés conformément aux plans et devis approuvés par le ministre, la mise en demeure prévue par l'article 14 est adressée au maire chargé de l'exécution. — La déchéance peut être, conformément audit article, appliquée avec toutes ses conséquences aux communes qui ont obtenu une subvention de l'État.

« Art. 39. Les économies obtenues par suite du rabais de l'entreprise ou pour toute autre cause, sont réparties entre les communes intéressées dans la même proportion que la dépense, et il y a lieu d'appliquer à celles qui reçoivent une subvention de l'État les articles 16 et 17 du présent décret.

« Art. 40. La suppression d'une école établie par plusieurs communes ne peut être demandée que par le préfet après avis de l'inspecteur d'académie et des conseils municipaux. — Si l'immeuble construit ou acquis à frais communs cesse d'être affecté au service scolaire, la commune sur le territoire de laquelle il est situé peut le vendre ou l'affecter à un autre service. — Dans le premier cas, le prix de vente; dans le second cas, le montant de l'estimation, faite par un expert nommé par le préfet, est réparti entre les communes intéressées dans la proportion fixée pour la contribution de chacune d'elles dans la dépense.

CHAPITRE III.

ÉTABLISSEMENT D'OFFICE.

« Art. 41. Lorsque, par suite de la négligence ou du refus d'un conseil municipal ou par suite du désaccord entre les communes intéressées, le local nécessaire à la tenue d'une école ou d'une classe dont l'établissement constitue une dépense obligatoire, ainsi qu'au logement des maîtres, n'a pas été muni du mobilier nécessaire, il y est pourvu d'office.

« Art. 42. Si le service scolaire peut être assuré par une location d'immeuble, le préfet, sur l'avis de l'inspecteur d'académie, approuve les conditions du bail. Il invite le maire de la commune où se trouve l'immeuble à passer le contrat, et, en cas de refus du maire, il y fait procéder par un délégué spécial conformément à l'article 85 de la loi du 5 avril 1884. Il inscrit d'office, dans les formes ordinaires, la dépense au budget de la commune.

« Art. 43. Si le service scolaire ne peut être assuré que par l'acquisition, la construction ou l'appropriation d'un immeuble, le préfet, après avoir consulté l'inspecteur d'académie, choisit, pour l'établissement de l'école, le moyen qu'il juge le plus convenable. — S'il s'agit de munir l'école du mobilier scolaire, le préfet en décide l'acquisition.

« Art. 44. Si une construction nouvelle doit être élevée, le préfet invite le maire à réunir le conseil municipal pour faire choix d'un emplacement. — Lorsque, dans le délai de deux mois à partir de cette mise en demeure, le conseil municipal n'a pas choisi l'emplacement de l'école, la désignation est faite, après avis de l'inspecteur d'académie, par arrêté préfectoral. Il en est de même si l'emplacement choisi par le conseil municipal n'est pas accepté par le préfet. — Il est procédé conformément aux dispositions qui précèdent à l'égard de toutes les communes intéressées, quand il s'agit d'une école à établir dans une circonscription scolaire formée sur le territoire de plusieurs communes.

« Art. 45. Le préfet désigne un architecte pour dresser les plans et devis des travaux de construction ou d'appropriation, et il les soumet à l'examen de l'inspecteur d'académie et du comité départemental des bâtiments civils. Il fixe, dans la limite déterminée par le tableau de la loi du 20 juin 1885, le chiffre de la dépense qui ne pourra être dépassé, et il met les communes en demeure d'adopter le projet et de créer les ressources nécessaires. — En cas de refus il saisit le conseil général, en indiquant comment, pour chaque commune, il pourra être pourvu à la dépense, soit par un prélèvement sur les ressources disponibles, soit par une subvention du département, soit enfin par un emprunt avec ou sans subvention de l'État, conformément à la loi du 20 juin 1885.

« Art. 46. Si le conseil général a émis un avis défavorable à l'exécution d'office, ou s'il ne s'est pas prononcé dans la session qui suit celle dans laquelle il a été saisi, le préfet transmet le dossier au ministre de l'Instruction publique pour provoquer un décret en Conseil d'État décidant qu'il sera pourvu d'office à l'établissement de l'école et à l'acquisition du mobilier, et fixant le montant de la dépense.

« Art. 47. Le préfet, en vertu de la délibération du conseil général, si elle est favorable, et, dans le cas contraire, en vertu du décret rendu en Conseil d'État, procède aux mesures d'exécution. Il autorise l'acquisition du terrain ou du mobilier scolaire et fait passer par le maire ou par un délégué spécial le contrat d'acquisition. — S'il y a lieu à expropriation, le décret déclaratif d'utilité publique est rendu en Conseil d'État.

« Art. 48. Il est procédé à l'inscription d'office du crédit dans les formes prévues par l'article 146 de la loi du 5 avril 1884; s'il y a lieu de créer, par voie d'imposition d'office, les ressources nécessaires, le préfet transmet le dossier au ministre de l'Intérieur. — S'il suffit d'opérer un prélèvement sur les ressources disponibles de la commune, le préfet agit conformément à l'article 152 de la loi du 5 avril 1884.

« Art. 49. Lorsqu'un emprunt est nécessaire, le préfet met le conseil municipal en demeure de le voter et de créer des ressources nécessaires. — A défaut de vote du conseil municipal ou sur son refus, le préfet détermine le chiffre et la durée de l'emprunt, le taux maximum d'intérêt et la condition de réalisation. L'emprunt est autorisé d'office, et si une imposition d'office est nécessaire, il est procédé conformément à l'article 146 de la loi du 5 avril 1884. — Le préfet charge le maire ou, sur son refus, un délégué spécial, qu'il nomme à cet effet, de réaliser l'emprunt.

« Art. 50. Lorsque la dépense doit être couverte par un emprunt de trente ans ou au delà, et qu'il y a lieu de réclamer une subvention de l'État en vertu de la loi du 20 juin 1885, le préfet, après avoir mis le conseil municipal en demeure, et sur son refus, appelle le conseil général à donner son avis sur la subvention. Le ministre de l'Instruction publique approuve les plans et devis et fixe le montant de la subvention de l'État. Si l'avis du conseil général est contraire, il est statué par décret en Conseil d'État, tant sur l'autorisation de l'emprunt que sur l'allocation de la subvention de l'État. Dans le cas où l'annuité restant à la charge de la commune ne peut être couverte qu'au moyen d'une imposition d'office, il y est pourvu en vertu de la loi du 5 avril 1884. L'emprunt est réalisé conformément au dernier paragraphe de l'article qui précède. L'article est applicable.

« Art. 51. Sont abrogées toutes les dispositions contraires au présent décret. »

Enseignement primaire (Jurisprudence).

L'instituteur adjoint qui se livre à l'instruction primaire sans être, au préalable, muni du brevet, tombe-t-il sous l'application des peines prévues par la loi du 30 octobre 1886? La Cour de cassation a résolu la question négativement dans un arrêt qui porte en substance :

Les instituteurs adjoints autres que les simples moniteurs auxiliaires doivent être brevetés. — Toutefois, en dehors des sanctions disciplinaires, aucune poursuite correctionnelle ne peut être dirigée contre l'instituteur adjoint non pourvu de brevet. — Est donc irrecevable l'action du ministère public dirigée dans ces circonstances contre un tel prévenu, simple instituteur adjoint. — Mais l'article 40 de la loi du 30 octobre 1886, qui reproduit dans des termes un peu différents le texte et le sens de l'article 29 de la loi du 27 mai 1850, établit la responsabilité pénale du directeur qui emploie un tel maître adjoint non breveté. — Le directeur doit, en effet, satisfaire à l'exécution de toutes les conditions, aussi bien celles qui lui sont impersonnelles que celles dont la réalisation est attachée à sa personne. — Tel est le sens de l'obligation que la loi lui fait de « remplir les conditions prescrites » (loi du 30 octobre 1886, art. 41, et loi du 16 juin 1881, art. 1).

Enseignement primaire (Droit comparé).

Italie. — Une loi du 1ᵉʳ mars 1885 établit les règles sur le traitement et la nomination des instituteurs primaires. Elle confère à ces fonctionnaires le privivilège de l'inamovibilité. Voici, en effet, ce que porte l'article 4 de cette loi : « L'instituteur nommé au concours doit accomplir deux ans d'épreuves dans une même commune; lorsque six mois avant l'expiration des deux ans, l'instituteur n'a pas été révoqué, il sera considéré comme nommé pour six ans. Ces six années accomplies, l'instituteur qui aura obtenu du conseil scolaire provincial l'attestation de bon service, après les inspections faites à l'école et le conseil communal entendu, *sera nommé à vie* » (Voy. *Annuaire de lég. comp.*, 1885, p. 287).

Établissements publics ou d'utilité publique.

Cercle national des armées de terre ou de mer. — Un décret du 5 février 1887, rendu sur l'avis des sections réunies de la Guerre et de l'Intérieur, a constitué le *Cercle national des armées de terre et de mer* en qualité d'établissement relevant directement du ministre de la Guerre.

Le rapport du ministre qui précède ce décret expose les raisons pour lesquelles on n'a pas cru devoir concéder la person-

nalité juridique au cercle militaire. Dans la séance du 2 février
1887, les sections réunies de la Guerre et de l'Intérieur, écar-
tant successivement la constitution d'une société civile d'exploitation, celle des établissements dotés de la personnalité civile,
ont conclu au rattachement du cercle national des armées de
terre et de mer aux services relevant du ministre de la Guerre.

Aucune disposition législative n'empêche, en effet, la création
d'un organisme spécial relevant du ministre de la Guerre, ayant
des ressources propres administrées par un conseil d'administration, soumis aux règles en usage au ministère de la Guerre.

État (créancier ou débiteur).

Transaction. Compromis. — Un ministre, qui peut transiger
au nom de l'État, ne peut légalement conclure avec un tiers un
compromis ayant pour objet de laisser à des arbitres le soin de
fixer souverainement le chiffre d'une indemnité due par l'État
(Cons. d'Ét., 23 décembre 1887, *évêque de Moulins*).

*Marchés de fournitures. Transports maritimes. Naufrage.
Responsabilité. Offre d'abandon de navire et du fret. Cahier
des charges. Obligation directe et personnelle.* — L'article 216
du Code de commerce, qui autorise le propriétaire d'un navire
à se libérer par l'abandon du navire et du fret, est-il applicable
ipso facto, dans les relations d'une compagnie de transports
maritimes avec le ministère de la Guerre, à raison de transports
exécutés pour le compte de l'État? *Rés. nég.* — Le contrat passé
entre la compagnie et l'État ne constitue pas un contrat de
transport maritime régi par les principes du droit privé, mais
un marché de fournitures soumis aux conditions spéciales du
cahier des charges et auquel les règles de droit commun ne sauraient être appliquées qu'autant que le cahier des charges s'y
réfère (Cons. d'Ét., 18 novembre 1887, *Compagnie transatlan-
tique*).

Arrêté de débet. Créance de l'État. — Le recouvrement
d'une créance que l'État prétend avoir contre un armateur pour
remboursement des frais occasionnés à la Marine par la mise à
la disposition de cet armateur de bâtiments destinés à concourir
au sauvetage d'un navire dans une rade, ne peut être poursuivi
par voie de contrainte administrative. — Ce mode spécial de

recouvrement n'existe qu'à l'égard des *comptables, fournisseurs et détenteurs de deniers publics* (Cons. d'Ét., 15 juillet 1887, *Languet*).

Expropriation pour cause d'utilité publique (Jurisprudence). *Formes du jugement.* — Le jugement qui prononce l'expropriation doit contenir en lui-même la preuve de la vérification des formalités exigées par l'article 2 du titre 1er, et par le titre 2 de la loi du 3 mai 1841, il ne suffit pas qu'il énonce d'une manière vague et générale que ces formalités ont été remplies.

En conséquence, le jugement qui n'a pas visé le procès-verbal dressé par le maire, conformément à l'article 7 de la loi du 3 mai 1841, mentionnant les déclarations et réclamations verbales ou écrites des parties, et le procès-verbal constatant la constitution, la réunion, la durée et les opérations de la commission d'enquête instituée par l'article 8 de la même loi, est entaché d'un vice de forme qui est de nature à entraîner son annulation (Cass., Ch. civ., 20 juillet 1887, *Faraudy* c. *Préfet des Alpes-Maritimes*). La jurisprudence est constante en ce sens.

Arrêt de cessibilité. Préfet. Excès de pouvoirs. — Lorsque le décret qui a déclaré d'utilité publique le classement d'une rue, contient la désignation précise et formelle des immeubles à acquérir, soit à l'amiable, soit par voie d'expropriation, le préfet commet un excès de pouvoirs en modifiant cette désignation, sous prétexte qu'elle serait incomplète.

En conséquence, c'est à tort que le tribunal prononce l'expropriation d'immeubles autres que ceux désignés au décret, et son jugement doit être annulé (Cass., Ch. civ., 15 juin 1887, *Vernier*).

Décret déclaratif. Recours en cassation. — Les tribunaux étant incompétents pour apprécier soit la légalité, soit la validité des actes administratifs; le jugement qui a prononcé l'expropriation ne peut être critiqué par le motif que le décret déclarant l'utilité publique aurait été rendu sans que le Conseil d'État eût été entendu, non plus que par cet autre motif que la délibération du conseil municipal aurait été irrégulière (Cass., rejet, 3 mai 1887, *Dusouchet* c. *commune de Marly-le-Roi, Seine-et-Oise*).

Pourvoi en cassation. Commune défenderesse. Autorisation de plaider. — Lorsque la commune défend au pourvoi formé devant la Cour de cassation, par le propriétaire, contre la décision par laquelle le jury d'expropriation a statué sur l'exécution de travaux communaux, le demandeur doit-il, au préalable, déposer à la préfecture le mémoire prescrit par l'article 124 de la loi du 5 avril 1884, tendant à faire autoriser la commune à tester en justice? La Cour de cassation se prononce pour la négative. En matière d'expropriation pour cause d'utilité publique, dit la décision de la Cour suprême, la procédure tracée par la loi du 3 mai 1841 serait inconciliable, en raison des délais rigoureux dont elle prescrit l'observation avec l'obligation, à la charge du demandeur en cassation, de provoquer l'autorisation pour la commune de défendre à un pourvoi (Arrêt du 9 mars 1887, Ch. civ., *Roche*).

Offres. — La décision du jury d'expropriation qui alloue à l'exproprié, à titre d'indemnité, une somme inférieure aux offres de l'administration, viole le paragraphe 5 de l'article 39 de la loi du 3 mai 1841, et par conséquent cette décision doit être annulée (Arrêt du 9 mars 1887, Ch. civ., *Roche*).

Hospices et hôpitaux (Législation).

Un décret du 13 août 1887, a déclaré d'utilité publique la création du premier hospice intercommunal fondé par application de l'article 161 de la loi du 5 avril 1884, par un syndicat des communes du département de la Seine, Fontenay, Vincennes et Montreuil-sous-Bois. Un arrêté du ministre de l'Intérieur, daté du 24 novembre 1887, a organisé la commission administrative de cet hospice de la manière suivante : 1° le maire de Fontenay-sous-Bois où l'hospice sera situé, président; 2° un délégué de chacun des conseils municipaux de Montreuil-sous-Bois, Vincennes et Fontenay; 3° six membres nommés par le préfet de la Seine, au total dix membres.

Instruction publique et Beaux-Arts (Législation).

Par un décret du 5 avril 1887, l'administration centrale du ministère de l'Instruction publique et des Beaux-Arts a été réorganisée en six directions qui sont, indépendamment du cabinet du ministre : la direction de l'enseignement supérieur; la direction de l'enseignement secondaire; la direction de l'enseignement primaire; la direction du secrétariat de la comptabilité; la direction des beaux-arts; la direction des bâtiments civils et des palais nationaux (Voir le *Journal officiel* du 5 avril).

Maires et adjoints.

Adjoints. Nombre. — C'est le chiffre de la population normale accusé par le dénombrement quinquennal, et non celui de la population totale, qui doit servir de base à la fixation du nombre des adjoints (Cons. d'Ét., 20 janvier 1888, *Él. de Rennes, Ille-et-Vilaine*).

Adjoints spéciaux. — Aux termes de l'article 75 de la loi du 5 avril 1884, lorsqu'un obstacle quelconque, on l'éloignement rend difficiles, dangereuses ou momentanément impossibles les communications entre le chef-lieu et une fraction de commune, un poste d'adjoint spécial peut être institué, sur la demande du conseil municipal, par un décret en Conseil d'État.

La jurisprudence administrative du Conseil d'État a interprété cette disposition en ce sens, que l'initiative de la demande appartient exclusivement au conseil municipal; en conséquence, il y a lieu de viser dans les décrets de création d'adjoints spéciaux la délibération dudit conseil (Note de la section de législation, 7 septembre 1887, *commune de Grignols, Gironde*). Avis de la section de l'Intérieur du 23 février 1887, *commune de Molesmes, Yonne*).

En outre, sur le paragraphe 2 du même article, le Conseil d'État a fait remarquer que l'attribution aux adjoints spéciaux de l'exécution des lois et règlements de police, dans les fractions de communes, placées sous leur administration, étant essentiellement facultatives, il était nécessaire de la faire figurer dans les décrets de création, si l'on voulait étendre jusque-là le pouvoir des adjoints spéciaux (Avis de la section de l'Intérieur du 23 février 1887, *commune de Molesmes, Yonne*).

Ministères (Législation.)

Par un décret du 30 mai 1887, le ministère des Postes et Télégraphes a été supprimé et remplacé par une direction générale qui a été rattachée au ministère des Finances.

Un décret en date du 28 juillet 1887 porte règlement d'administration publique pour l'organisation de cette direction générale qui est constituée de la façon suivante : — service central (3 bureaux). — 1re division, matériel et confection (3 bureaux). — 2° division, exploitation (4 bureaux). — 3° division, comptabilité (4 bureaux) (Voir le *Journal officiel* du 30 juillet 1887).

Monuments historiques.

On s'était plaint non sans raison de l'insuffisance de notre législation pour la conservation des monuments historiques. La circonstance qu'un monument de cette nature avait été classé par la commission compétente, n'emportant aucun droit de l'administration, à l'égard de propriétés privées, celle-ci se trouvait désarmée contre la destruction volontaire ou la mutilation de monuments qu'il était nécessaire de conserver pour l'histoire du passé.

Dès 1871, la commission des monuments historiques rédigea un projet de loi, qui fut soumis par M. Wallon, alors ministre de l'Instruction publique, à l'examen de M. Rousse, bâtonnier de l'ordre des avocats de Paris et membre de l'Académie française.

Déposé en 1878 à la Chambre des députés, par M. Bardoux, ministre de l'Instruction publique, il fut retiré et renvoyé au Conseil d'État, qui le modifia.

Ce projet, adopté successivement par les deux Chambres, est devenu la loi du 31 mars 1887, ainsi conçue :

TITRE PREMIER.

CHAPITRE PREMIER.

IMMEUBLES ET MONUMENTS HISTORIQUES OU MÉGALITHIQUES.

« Art. 1er. Les immeubles par nature ou par destination dont la conservation peut avoir, au point de vue de l'histoire ou de l'art, un intérêt national, seront classés en totalité ou en partie par les soins du ministre de l'Instruction publique et des Beaux-Arts.

« Art. 2. L'immeuble appartenant à l'État sera classé par arrêté du ministre de l'Instruction publique et des Beaux-Arts, en cas d'accord avec le ministre dans les attributions duquel l'immeuble se trouve placé. Dans le cas contraire, le classement sera prononcé par un décret rendu en la forme des règlements d'administration publique. — L'immeuble appartenant à un département, à une commune, à une fabrique ou à tout autre établissement public, sera classé par arrêté du ministre de l'Instruction publique et des Beaux-Arts, s'il y a consentement de l'établissement propriétaire et avis conforme du ministre sous l'autorité duquel l'établissement est placé. En cas de désaccord, le classement sera prononcé par un décret rendu en la forme des règlements d'administration publique.

« Art. 3. L'immeuble appartenant à un particulier sera classé par arrêté du ministre de l'Instruction publique et des Beaux-Arts, mais ne pourra l'être qu'avec le consentement du propriétaire. L'arrêté déterminera les conditions du classement. — S'il y a contestation sur l'interprétation et sur l'exécution de cet acte, il sera statué par le ministre de l'Instruction publique et des Beaux-Arts, sauf recours au Conseil d'État statuant au contentieux.

« Art. 4. L'immeuble classé ne pourra être détruit, même en partie, ni être l'objet d'un travail de restauration, de réparation ou de modification quelconque, si le ministre de l'Instruction publique et des Beaux-Arts n'y a donné son consentement. — L'expropriation pour cause d'utilité publique d'un immeuble classé ne pourra être poursuivie qu'après que le ministre de l'Instruction publique et des Beaux-Arts aura été appelé à présenter ses observations. — Les servitudes d'alignement et autres qui pourraient causer la dégradation des monuments ne sont pas applicables aux immeubles classés. — Les effets du classement suivront l'immeuble classé, en quelques mains qu'il passe.

« Art. 5. Le ministre de l'Instruction publique et des Beaux-Arts pourra, en se conformant aux prescriptions de la loi du 3 mai 1841, poursuivre l'expropriation des monuments classés ou qui seraient de sa part l'objet d'une proposition de classement refusée par le particulier propriétaire. — Il pourra, dans les mêmes conditions, poursuivre l'expropriation des monuments mégalithiques ainsi que celle des terrains sur lesquels ces monuments sont placés.

« Art. 6. Le déclassement, total ou partiel, pourra être demandé par le ministre dans les attributions duquel se trouve l'immeuble classé par le département, la commune, la fabrique, l'établissement public et le particulier propriétaire de l'immeuble. — Le déclassement aura lieu dans les mêmes formes et sous les mêmes distinctions que le classement. — Toutefois, en cas d'aliénation consentie à un particulier de l'immeuble classé appartenant à un département, à une commune, à une fabrique, ou à tout autre établissement public, le déclassement ne pourra avoir lieu que conformément au paragraphe 2 de l'article 2.

« Art. 7. Les dispositions de la présente loi sont applicables aux monuments historiques régulièrement classés avant sa promulgation. — Toutefois, lorsque l'État n'aura fait aucune dépense pour un monument appartenant à un particulier, ce monument sera déclassé de droit dans le délai de six mois après la réclamation que le propriétaire pourra adresser au ministre de l'Instruction publique et des Beaux-Arts, pendant l'année qui suivra la promulgation de la présente loi.

CHAPITRE II.

OBJETS MOBILIERS.

« Art. 8. Il sera fait, par les soins du ministre de l'Instruction publique et des Beaux-Arts, un classement des objets mobiliers appartenant à l'État, aux départements, aux communes, aux fabriques et autres établissements publics, dont la conservation présente, au point de vue de l'histoire ou de l'art, un intérêt national.

« Art. 9. Le classement deviendra définitif si le département, les communes, les fabriques et autres établissements publics n'ont pas réclamé, dans le délai de six mois, à dater de la notification qui leur en sera faite. En cas de réclamation, il sera statué par décret rendu en la forme des règlements d'administration publique. — Le déclassement, s'il y a lieu, sera prononcé par le ministre de l'Instruction publique et des Beaux-Arts. En cas de contestation, il sera statué comme il vient d'être dit ci-dessus. — Un exemplaire de la liste des objets classés sera déposé au ministère de l'Instruction publique et des Beaux-Arts et à la préfecture de chaque département, où le public pourra en prendre connaissance sans déplacement.

« Art. 10. Les objets classés et appartenant à l'État seront inaliénables et imprescriptibles.

« Art. 11. Les objets classés appartenant aux départements, aux communes, aux fabriques ou autres établissements publics, ne pourront être restaurés, réparés, ni aliénés par vente, don ou échange, qu'avec l'autorisation du ministre de l'Instruction publique et des Beaux-Arts.

« Art. 12. Les travaux, de quelque nature qu'ils soient, exécutés en violation des articles qui précèdent, donneront lieu, au profit de l'État, à une action en dommages-intérêts contre ceux qui les auraient ordonnés ou fait exécuter. — Les infractions seront constatées et les actions intentées et suivies devant les tribunaux civils ou correctionnels, à la diligence du ministre de l'Instruction publique et des Beaux-Arts ou des parties intéressées.

« Art. 13. L'aliénation faite en violation de l'article 11 sera nulle, et la nullité en sera poursuivie par le propriétaire vendeur ou le ministre de l'Instruction publique et des Beaux-Arts, sans préjudice des dommages-intérêts qui pourraient être réclamés contre les parties contractantes et contre l'officier public qui aura prêté son concours à l'acte d'aliénation. — Les objets classés qui auraient été aliénés régulièrement, perdus ou volés, pourront être revendiqués pendant trois ans, conformément aux dispositions des articles 2279 et 2280 du Code civil. La revendication pourra être exercée par les propriétaires et, à leur défaut, par le ministre de l'Instruction publique et des Beaux-Arts.

CHAPITRE III.

FOUILLES.

« Art. 14. Lorsque, par suites de fouilles, de travaux ou d'un fait quelconque, on aura découvert des monuments, des ruines, des inscriptions ou des objets pouvant intéresser l'archéologie, l'histoire ou l'art, sur des terrains appartenant à l'État, à un département, à une commune, à une fabrique ou autre établissement public, le maire de la commune devra assurer la conservation provisoire des objets découverts et aviser immédiatement le préfet du département des mesures qui auront été prises. — Le préfet en référera, dans le plus bref délai, au ministre de l'Instruction publique et des Beaux-Arts, qui statuera sur les mesures définitives à prendre. — Si la découverte a eu lieu sur le terrain d'un particulier, le maire en avisera le préfet. Sur le rapport du préfet et après avis de la commission des monuments historiques, le ministre de l'Instruction publique et des Beaux-Arts pourra poursuivre l'expropriation dudit terrain en tout ou en partie pour cause d'utilité publique, suivant les formes de la loi du 3 mai 1841.

« Art. 15. Les décisions prises par le ministre de l'Instruction publique, et des Beaux-Arts, en exécution de la présente loi, seront rendues après avis de la commission des monuments historiques.

CHAPITRE IV.

DISPOSITIONS SPÉCIALES A L'ALGÉRIE ET AUX PAYS DE PROTECTORAT.

« Art. 16. La présente loi est applicable à l'Algérie. — Dans cette partie de la France, la propriété des objets d'art ou d'archéologie, édifices, mosaïques, bas-reliefs, statues, médailles, vases, colonnes, inscriptions, qui pourraient exister, sur et dans le sol des immeubles appartenant à l'État ou concédés par lui à des établissements publics ou à des particuliers, sur et dans les terrains militaires, est réservée à l'État.

« Art. 17. Les mêmes mesures seront étendues à tous les pays placés sous le protectorat de la France et dans lesquels il n'existe pas déjà une législation spéciale.

DISPOSITION TRANSITOIRE.

« Art. 18. Un règlement d'administration publique déterminera les détails d'application de la présente loi. »

Une première application a été faite de cette loi presqu'aussitôt après sa promulgation. Par un décret en date du 21 septembre 1887, rendu dans la forme des règlements d'administration publique, la conservation des monuments mégalithiques de la commune de Carnac a été déclarée d'utilité publique. En conséquence, l'État a été autorisé à acquérir, soit à l'amiable, soit, s'il y a lieu, par voie d'expropriation, diverses parcelles de terre situées aux lieuxdits : le *Menec, Kernario* (Voir au *Journal officiel* du 24 septembre 1887, le rapport de M. Spuller, ministre de l'Instruction publique, qui précède le décret).

Pensions civiles (Législation).

L'article 24 de la loi de finances, du 26 février 1887, a réalisé une réforme qui avait été réclamée depuis longtemps : elle a assimilé la pension des agents du service actif des douanes aux officiers, sous-officiers et soldats de la gendarmerie. Cet article dispose, en effet :

« A partir du 1er avril 1887, les pensions auxquelles les agents du service actif des douanes, jusqu'au grade de capitaine inclusivement, ont droit en vertu et dans les conditions de la loi du 9 juin 1853, seront liquidées en prenant pour base les tarifs applicables à la gendarmerie. — Dans les cas prévus par le paragraphe 1er de l'article 11 de la loi du 9 juin 1853, la pension ne pourra être inférieure au minimum attribué, pour vingt-cinq ans de service, au grade correspondant par la loi militaire. — Dans le cas prévu par le paragraphe 2 du même article, la pension ne pourra être inférieure aux trois quarts de ce minimum. — Les pensions liquidées par application du présent article ne pourront, dans aucun cas, dépasser les trois quarts du traitement afférent au grade obtenu depuis deux ans au moins. — Les pensions des veuves et les secours aux orphelins seront égaux au tiers de ce maximum; ils seront de la moitié dans les cas mentionnés au paragraphe 1er, et des deux cinquièmes dans le cas du deuxième paragraphe de l'article 14 de la loi du 9 juin 1853. — Un règlement d'administration publique déterminera les conditions d'application du présent article. »

Le règlement prévu par cette disposition a été promulgué le 26 juillet 1887. L'article 1er de ce décret porte que les agents du service actif des douanes continuent à être placés sous le régime de la loi du 9 juin 1853, relative aux pensions civiles, encore bien que pour les tarifs, la liquidation de ces pensions soit assimilée à celle des gendarmes, qui sont régies par les lois relatives aux pensions militaires.

Pensions civiles (Jurisprudence).

Services admissibles. Services d'agent-voyer rétribués sur fonds départementaux. — Les services rendus en qualité d'agent-voyer, rétribués sur les fonds départementaux, n'entrent pas en compte dans la liquidation de la pension de retraite d'un agent de l'État. — Les fonctions d'agent-voyer sont rétribuées sur les fonds du département, et ne sauraient être assimilées à celles des employés de préfecture et de sous-préfecture visées par l'article 9 de la loi du 9 juin 1853, qui sont rétribuées sur les fonds d'abonnement (Cons. d'Ét., 21 janvier 1887, *Franceschi*).

Services actifs (Postes). *Services militaires.* — L'article 5 de la loi du 9 juin 1853 ne permet d'accorder la pension pour infirmités qu'aux fonctionnaires du service actif qui comptent quarante-cinq ans d'âge, et quinze années de services dans la partie active, — les services militaires peuvent-ils être invoqués pour compléter les quinze années de services dans la partie active? *Rés. nég.* — Les services militaires ne sont pas compris au tableau 2 annexé à la loi du 9 juin 1853. Le ministre des Postes et des Télégraphes s'était prononcé, en sens contraire, en faisant remarquer que tous les premiers temps qui ont suivi la promulgation de la loi de 1853, la section des Finances du Conseil d'État, aurait admis au taux des services actifs le temps passé sous les drapeaux. — V. les observations du ministre au *Recueil des arrêts,* 1887, p. 13, en note de l'arrêt du 7 janvier 1887, *Baumgarthen.*

Liquidation. Maximum. Fonctions occupées en dernier lieu. — Un directeur de l'enregistrement, nommé conservateur des hypothèques, qui, après avoir exercé ces dernières fonctions pendant cinq mois, à la suite de sa prestation de serment en cette qualité à la barre du tribunal civil, a été mis en disponibilité, faute d'avoir pu réaliser son cautionnement, est-il fondé à demander que sa pension soit liquidée en qualité de *directeur de l'enregistrement ? Rés. nég.* — La dernière situation occupée par le fonctionnaire dans l'espèce, la situation de conservateur, règle seule le mode de liquidation qui doit lui être appliqué (Cons. d'Ét., 23 décembre 1887, *Michel*).

Poids et mesures (Législation).

Un décret en date du 7 février 1887, portant règlement d'administration publique, a remplacé par de nouvelles dispositions l'article 2 de l'ordonnance du 17 avril 1839 sur la vérification des poids et mesures. Ce décret est ainsi conçu :

« Vu la loi du 4 juillet 1837, sur la vérification des poids et mesures ;

« Vu l'ordonnance du 17 avril 1839, rendue en exécution de cette loi, et notamment l'article 2, ainsi conçu :

« Un vérificateur est nommé par chaque arrondissement communal. Son bureau est établi, autant que possible, au chef-lieu.

« Néanmoins, si les besoins du service exigent qu'il y ait plusieurs bureaux dans un arrondissement, le préfet peut proposer cette disposition à notre ministre secrétaire d'État des Travaux publics, de l'Agriculture et du Commerce, qui l'arrête définitivement, s'il le juge convenable.

« Il peut, en outre, être nommé, par notre ministre, des vérificateurs adjoints soumis aux mêmes conditions et ayant les mêmes attributions que les vérificateurs. »

« Vu l'avis de la commission de métrologie usuelle du Bureau national des poids et mesures ;

« Le Conseil d'État entendu,

« Décrète :

« Art. 1er. L'article 2 de l'ordonnance du 17 avril 1839 est remplacé par les dispositions suivantes :

« Chaque département est divisé, par arrêté du ministre du Commerce et de l'Industrie, en un certain nombre de circonscriptions de vérification, dans chacune desquelles est placé un vérificateur titulaire.

« Il peut, en outre, être nommé par le ministre, dans les circonscriptions où le service l'exigerait, des vérificateurs adjoints ayant les mêmes attributions que les vérificateurs titulaires.

« Le nombre des vérificateurs de tout ordre est fixé, au maximum, à quatre cents. »

Police municipale (Jurisprudence).

Criage des journaux. Interdiction. Arrêté municipal. — Aux termes de la jurisprudence de la Cour de cassation, le criage des journaux sur la voie publique est absolument libre depuis la loi sur la presse, et l'article 68 de cette loi s'oppose à ce que les maires puissent prendre des arrêtés réglementant le criage. La question s'est posée de savoir si la loi du 5 avril 1884 sur l'organisation municipale n'avait pas fait revivre les lois des 16-24 août 1790 et 22 juillet 1791, abrogées par la loi de 1881. Le juge de simple police de Calais s'est prononcé pour l'affirmative, à l'occasion d'une poursuite exercée contre un sieur Toulotte, crieur de journaux. Il a condamné le crieur à un franc d'amende pour contravention à un arrêté municipal réglementant le cri des journaux sur la voie publique. Le juge déclarait, en effet, que cet arrêté avait été régulièrement et valablement pris dans les limites des pouvoirs conférés aux maires par la loi de 1884.

Mais la Cour de cassation n'a pas été de cet avis. Sur le pourvoi formé contre le jugement par le crieur condamné, la chambre criminelle a, conformément aux conclusions de M. l'avocat général Loubers, cassé la décision du juge de simple police de Calais, par un arrêt du 16 février 1888.

L'arrêt de la Cour suprême porte que les lois de 1790 et 1791 sont, à l'égard du cri des journaux, formellement abrogées par la loi de 1881 sur la presse, et que la loi du 5 avril 1884 n'a en aucune manière modifié la loi de 1881. Cette décision, conforme d'ailleurs à des précédents de la Cour suprême, est contraire à la jurisprudence du Conseil d'État.

Sociétés de musique. — L'arrêté par lequel un maire « interdit, dans un intérêt de police et d'ordre public, à toutes sociétés de musique de jouer, de circuler et de stationner sur les voies et places publiques de la commune, » n'est pas entaché d'excès de pouvoirs (Cons. d'Ét., 2 décembre 1887, *Union musicale de Rugles*).

— Aucune disposition de loi ne prescrit à l'autorité municipale de faire précéder des motifs qui les déterminent les règlements pris pour réprimer les bruits et rassemblements qui troublent le repos des habitants.

Est légal l'arrêté municipal qui, s'appliquant à toutes les sociétés musicales, leur interdit de jouer et de circuler sur le territoire de la commune et dans les lieux publics, alors même que, par cet arrêté, le maire se réserve d'accorder des autorisations (Cass., Ch. crim., 12 novembre 1887, rejet du recours du sieur *Cadieu, chef de la société de musique de Noyen*, c. *un jugement du tribunal de simple police de Malicorne*, en date du 14 juin 1887).

— S'il appartient aux maires, en vertu des pouvoirs de police qui leur sont conférés par la loi, d'interdire aux sociétés de musique de jouer sur la place publique, il faut que l'interdiction à une société déterminée de jouer sur la voie publique et dans les établissements municipaux, en tant qu'elle sera dirigée par un chef non français, ait en vue le maintien de la tranquillité publique et la sécurité de la circulation.

D'autre part, si les statuts de la société, approuvés par le préfet, portent qu'aucune sortie en corps ne pourra avoir lieu si elle n'a été préalablement autorisée par le maire, cette disposition n'a d'autre but que de permettre au maire l'exercice, en temps opportun, des pouvoirs qu'il tient de la loi (Cons. d'Ét., 1er avril 1888, *Société l'Harmonie du Commerce de Saint-Germain-en-Laye, Seine-et-Oise*).

Salubrité publique. Liberté de la propriété. Animaux domestiques. — Est illégal l'arrêté par lequel un maire interdit d'élever et de conserver sans autorisation des paons et autres oiseaux de basse-cour. Cette illégalité résulte de ce que le maire ne peut user de ses pouvoirs de police que dans l'intérêt réel de la salubrité, et qu'il ne peut jamais se servir d'un prétexte imaginaire de salubrité pour porter atteinte aux droits de la propriété.

Elle résulte encore de ce que l'arrêté de police ne doit jamais affecter un caractère arbitraire, en ce sens que l'autorité municipale se réserverait d'accorder des autorisations ayant pour résultat de créer une véritable inégalité entre les habitants d'une même commune (Cass., Ch. crim., 16 mai 1887, *ministère public de Charenton, Seine*). La jurisprudence du Conseil d'État s'est prononcée dans le même sens, en déclarant illégale une ordonnance du préfet de police de la Seine, interdisant dans Paris l'élevage des abeilles.

Établissements de bains. — Le préfet de police est compétent pour édicter dans le département de la Seine des règlements sur les établissements de bains, autres que ceux situés en rivière.

Les maires, et à Paris le préfet de police, ne peuvent, sans excès de pouvoirs, prendre des arrêtés de police contraires à des dispositions de règlements d'administration publique.

Si un arrêté de police (ou une ordonnance à Paris) peut enjoindre aux propriétaires d'établissements de bains de faire disparaître une cause de danger, il ne peut spécifier le travail à effectuer. Annulation en conséquence de diverses dispositions de l'ordonnance attaquée.

Sont maintenues, au contraire, les dispositions d'un arrêté ayant pour but d'assurer la sécurité des baigneurs, ou la salubrité de la voie publique. Voy. les conclusions de M. Valabrègue, commissaire du gouvernement, qui ont précédé l'arrêt du Conseil d'État du 25 mars 1887, *syndicat des propriétaires des bains de Paris,* au *Recueil des arrêts* du Conseil d'État, 1887, p. 255.

Cultes. Cérémonie publique. Interdiction. — Est légal et obligatoire, l'arrêté du maire, qui interdit dans une commune, dans l'intérêt du maintien du bon ordre et de la tranquillité publique, les processions et toutes autres manifestations extérieures du culte. Et ledit arrêté s'applique à une cérémonie religieuse accomplie sous le porche de l'église, les portes grandes ouvertes (Cass., Ch. crim., 19 février 1887, *abbé George, curé de Charenton (Seine), c. ministère public*).

Scierie mécanique. Établissement antérieur au classement. — Le pouvoir conféré à l'autorité supérieure d'autoriser et de réglementer les ateliers insalubres ne fait pas obstacle au droit de l'administration municipale de prendre, à l'égard de ces établissements comme de toute autre habitation, les mesures de

police commandées par l'intérêt de la sécurité publique, alors
du moins que ces mesures ne portent atteinte ni à l'existence,
ni à l'exploitation des établissements autorisés.

En conséquence, le règlement par lequel le maire d'une commune détermine, en vue de prévenir les incendies, dans l'étendue de sa circonscription, à quelle distance soit des habitations
et des chemins publics, soit des machines à vapeur, les dépôts
de bois pourraient être établis, n'est pas entaché d'excès de
pouvoirs alors qu'elles ne portent pas atteinte à l'exploitation
des établissements existant légalement (Cons. d'Ét., 28 janvier
1887, *Pral*).

*Liberté du commerce et de l'industrie. Colporteur de bijou-
terie.* — Est illégale, comme portant atteinte à la liberté du
commerce et de l'industrie, la disposition d'un arrêté municipal
aux termes de laquelle « est interdite en tout temps la vente
« sur la voie publique et même le transport à domicile en quête
« d'acheteurs, au moyen soit d'éventaire dit à la bretelle, de
« porte-balle, à bras ou de quelque manière que ce soit ; tou-
« tefois les dispositions de cet article ne s'appliquent pas aux
« commis-voyageurs et représentants de commerce porteurs
« d'échantillons, non plus qu'aux marchands qui ne feraient
« que traverser le territoire de la commune. »

La contravention à cette prescription ne tombe donc point
sous l'application de l'article 471, § 15, du Code pénal, et le
jugement qui a prononcé, en vertu de cet arrêté, une condamnation contre un colporteur de bijouterie offrant sa marchan-
dise à domicile doit être cassé sans renvoi (Cass., Ch. crim.,
24 juin 1887, *Bostrazzo*).

Halles et marchés. — La disposition d'un arrêté municipal
portant : « Le poisson et le gibier de terre et de mer entrant en
ville pour y être vendus devront, comme par le passé, être
apportés sur le marché établi actuellement place des Capucins
et vendus conformément aux dispositions dudit arrêté, » n'est
pas entachée d'excès de pouvoirs. — Cet article a pour but de
permettre aux inspecteurs municipaux de vérifier la salubrité.
des denrées et ne porte pas atteinte aux droits des commission-
naires de vendre leurs denrées selon le mode qui leur convient

Au contraire, la disposition du même arrêté, qui interdit les ventes aux enchères publiques des denrées alimentaires dans des locaux autres que ceux qui seront désignés par l'administration municipale, est entachée d'excès de pouvoirs. *Rés. aff.* — Cette disposition viole le principe de la liberté de l'industrie (Cons. d'Ét., 18 mars 1887, *Martin*).

Presbytères (Jurisprudence).

Lorsqu'un curé ou desservant agit non pas comme exerçant les droits appartenant à la mense curiale, constituée en vertu du décret du 6 novembre 1813, mais en vertu du droit d'usufruit *sui generis* qui lui est conféré sur les presbytères appartenant aux communes, il n'est pas nécessaire qu'il obtienne, au préalable du conseil de préfecture ou du Conseil d'État, une autorisation de plaider (Dijon, 20 mai 1887, *Lavocat*).

Recours pour excès de pouvoirs (Jurisprudence).

Recours pour violation ou fausse application de la loi. — La jurisprudence a décidé que toute partie intéressée pourrait demander l'annulation, pour excès de pouvoirs, de toutes les décisions des autorités administratives ou de toutes les délibérations des corps administratifs. Les griefs d'excès de pouvoirs, sont : l'incompétence, le vice de formes, le détournement de pouvoirs, c'est-à-dire l'usage, pour une autorité ou une assemblée administrative, de pouvoirs qui lui ont été conférés par les lois ou règlements, dans un but autre que celui que le législateur avait en vue. Faut-il ajouter à ces trois griefs, pour ainsi dire classiques, le grief tiré de la violation ou de la fausse application de la loi? Telle était la question dont le Conseil d'État était de nouveau saisi, par un recours du sieur Lefèvre, contre une décision par laquelle le ministre de la Guerre avait donné *trois problèmes* d'arithmétique, au concours pour l'admission au volontariat d'un an, au lieu *du problème* prévu par le décret du 10 mai 1887.

En 1873, le Conseil d'État, dans l'affaire Trubert, avait formellement décidé que le recours pour violation de la loi n'était pas recevable (21 mars 1873), et cette doctrine avait reçu l'adhésion de l'unanimité des auteurs. L'arrêt du 11 novembre 1887 (Lefèvre par Delepouve) semble revenir sur cette théorie.

Il admet implicitement le recours pour violation, fausse application ou interprétation de la loi, mais à la différence des trois autres griefs, il exige du requérant non plus la justification d'un simple intérêt, mais celle de la lésion d'un droit. Voici, au surplus, le texte même de cette importante décision qui a été rendue sur les conclusions conformes de M. le commissaire du gouvernement Gauwain (Voy. *Recueil des arrêts,* 1887, p. 698) : « Considérant que la décision prise par le ministre de la Guerre ne concernait pas personnellement le requérant et qu'elle n'a lésé aucun droit qui lui fut acquis; que, par suite, celui-ci n'est pas recevable à en demander l'annulation, en se fondant uniquement sur ce qu'elle aurait fait une inexacte application de l'article 3 du règlement d'administration publique du 10 mai 1880. » (Rejet.)

Détournement de pouvoirs. — Lorsqu'un acte administratif présente en lui-même une forme absolument légale, le détournement de pouvoirs ne peut être établi en dehors de l'examen de l'acte lui-même, déféré au Conseil d'État, ou des actes concomitants qui émanent de l'autorité administrative dont la décision est attaquée. Le Conseil d'État, juge des excès de pouvoirs, ne saurait, en effet, faire état de simples renseignements administratifs versés dans l'instruction (Cons. d'Ét., 2 décembre 1887, *Union musicale de Rugles*).

Rivières non navigables ni flottables (Jurisprudence).
Les riverains ont-ils le devoir *exclusif* d'extraire le sable et le gravier dans le lit des cours d'eau navigables et flottables? La cour de Bordeaux (arrêt du 15 avril 1886) et la Cour suprême (arrêt du 20 février 1888, *Russe* c. *Martin*) viennent de résoudre la question affirmativement. Suivant la Cour de cassation, la loi du 29 floréal an X, en mettant à la charge des riverains le curage de ces cours d'eau, leur a virtuellement donné le droit *exclusif* de s'approprier les *limons, sables et graviers* qu'ils en retirent, et on ne saurait reconnaître ce même droit aux tiers, qui, par les extractions des sables, pourraient gêner les riverains dans l'ensemble de leur obligation de curer la rivière (loi du 14 floréal an XI) ou dans l'exercice des droits que des textes divers leur ont conférés sur la pêche (loi du 15 avril 1829),

sur les alluvions et les atterrissements (art. 556 et 557) et sur les îlots (art. 561).

Cette décision présente une très grande importance. Dans les devis des travaux généraux, départementaux et communaux, on rencontre souvent, en effet, une clause par laquelle on indique que l'entrepreneur prendra ses matériaux dans le lit de telle rivière non navigable. Jusqu'ici la pratique administrative, basée sur un arrêt du Conseil d'Etat du 4 janvier 1853 (*Rossignol,* Lebon, p. 96), s'était formée en ce sens, que l'extraction de ces matériaux ne constituait pas à l'égard du riverain un *dommage* dans le sens de l'art. 4 de la loi du 28 pluviôse an VIII. L'arrêt de la Cour suprême, ci-dessus rapporté, se prononce nettement en sens contraire.

Roulage (Police du).

Chemins vicinaux de grande communication. Contravention. Excuse. — Commet une contravention à la police du roulage celui qui fait circuler sur un chemin de grande communication des voitures à deux roues attelées de plus de cinq chevaux, lorsqu'aucun poteau n'indique que l'emploi des chevaux de renfort a été autorisé par le préfet.

Le conseil de préfecture ne peut relaxer le prévenu, en se fondant sur ce que le nombre des chevaux aurait été justifié par le mauvais état de la chaussée.

En conséquence, le Conseil d'État prononce la condamnation du conducteur et, civilement, du propriétaire de la voiture à l'amende, aux frais du procès-verbal et à la réparation du dommage causé à la chaussée (Cons. d'Ét., 22 juillet 1887, *ministre de l'Intérieur*).

Sénat (Législation).

La loi du 2 août 1875, sur l'organisation du Sénat, avait posé en principe que le mandat de sénateur pouvait être cumulé avec les fonctions publiques. Cette règle ne recevait qu'un petit nombre d'exceptions. La loi du 30 novembre 1875, sur l'élection de la Chambre des députés, a admis une solution diamétralement opposée. Par l'article 5, elle dispose que l'exercice des fonctions publiques rétribuées sur les fonds de l'État est incompatible avec le mandat de député. En conséquence, tout fonctionnaire élu député sera remplacé dans ses fonctions, si, dans les huit jours qui suivront la vérification des pouvoirs, il n'a pas fait connaître qu'il n'accepte pas le mandat de député. L'article excepte cependant un petit nombre de fonctions qui peuvent être cumulées avec le mandat de député.

La loi du 28 décembre 1887 a supprimé la disposition de l'article de la loi du 2 août 1875, en mettant sur la même ligne le mandat de sénateur et le mandat de député. Désormais, et jusqu'à ce qu'il soit intervenu une loi générale sur l'incompatibilité parlementaire, les membres du Sénat seront régis par les articles 8 et 9 de la loi du 30 novembre 1875.

Voici en effet ce que porte la loi :

« Article unique. Jusqu'au vote d'une loi spéciale sur les incompatibilités parlementaires, les articles 8 et 9 de la loi du 30 novembre 1875 seront applicables aux élections sénatoriales. — Tout fonctionnaire atteint par cette disposition, qui comptera vingt ans de service et cinquante ans d'âge à l'époque de l'acceptation de son mandat, pourra faire valoir ses droits à une pension de retraite proportionnelle, qui sera réglée conformément au 3ᵉ paragraphe de l'article 12 de la loi du 9 juin 1853. »

Travaux publics (Jurisprudence).

§ 1. RÈGLES DE COMPÉTENCE. — *Décompte. Communes. Domaine privé. Forêt. Construction d'une route de vidange.* — Les travaux de construction d'une route de vidange exclusivement destinée à l'exploitation d'une forêt, dépendant du domaine privé de la commune, ne rentrent pas dans la catégorie de ceux dont le contentieux appartient aux conseils de préfecture par application de l'article 4 de la loi du 28 pluviôse an VIII (Cons. d'Ét., 5 août 1887, *commune de Divonne*).

Le conseil de préfecture est compétent pour connaître de la demande formée par des fabricants de rubans, à raison du préjudice causé à leur industrie par la fumée des locomotives d'un chemin de fer (Cons. d'Ét., 6 mai 1887, *Ferréol*).

Etablissement d'un chemin vicinal. Offre de concours. Cession gratuite de terrains. — A la demande d'un propriétaire, tendant à obtenir la restitution de parcelles de terrain qu'il prétend avoir été occupée à tort par une commune pour l'établissement d'un chemin vicinal, alors qu'il n'y a eu ni expropriation, ni indemnité préalable, la commune et l'entrepreneur opposent une exception préjudicielle tirée de ce que, en vue de provoquer et faciliter la construction du chemin, le propriétaire aurait offert l'abandon gratuit de tous les terrains nécessaires. — C'est avec raison que le préfet revendique pour l'autorité administrative la connaissance de cette exception. — Cette offre et son acceptation par le conseil municipal, régulièrement approuvées, constituent un contrat ayant pour objet l'exécution d'un travail public sans qu'il y ait lieu de distinguer entre l'engagement de payer une somme d'argent et celui qui consiste dans l'abandon gratuit de terrains (Trib. des conflits, 30 juillet 1887, *Guillaumin*). — La Cour de cassation s'est prononcée en sens contraire par un arrêt du 18 janvier 1887 relatif à la même affaire. Le litige ayant été renvoyé par cet arrêt de cassation, à la cour d'Orléans, celle-ci adopta, sur la question de compétence, la solution admise par la Cour suprême (Orléans, 27 avril 1887). C'est alors que l'administration a élevé le conflit.

§ 2. Règles de fond. — Art. 1ᵉʳ. *Questions relatives aux marchés.*

Marché de gré à gré. Qualité pour l'attaquer. — Un contribuable n'est pas recevable à attaquer, en son nom personnel, une délibération du conseil municipal et l'arrêté préfectoral approuvant un *marché de gré à gré* passé par une commune avec un entrepreneur pour l'exécution de travaux de distribution d'eau. — Les prescriptions de l'ordonnance du 14 novembre 1837 ont eu pour objet d'établir des garanties dans l'intérêt unique des communes (Cons. d'Ét., 4 mars 1887, *Mainguet*).

Procès-verbal d'adjudication. Acte authentique. Inscription de faux. — Un procès-verbal d'adjudication dressé conformément aux prescriptions légales constitue un acte authentique, dont la force probante ne peut être attaquée que par la voie de l'inscription de faux. — En conséquence, une commune n'est pas recevable à contester par la voie ordinaire le montant du rabais inscrit dans un procès-verbal d'adjudication (Cons. d'Ét., 28 janvier 1887, *commune d'Estiveaux*).

Référé administratif. Décision interlocutoire. — L'arrêté du conseil de préfecture, statuant sur une demande tendant à faire procéder à certaines constatations préalablement à toute action, constitue une décision interlocutoire susceptible d'être déférée en appel au Conseil d'État.

Le conseil de préfecture, compétent pour ordonner qu'il sera procédé d'urgence aux constatations matérielles des faits, dont la vérification serait ultérieurement impossible, n'a pu, sous le couvert d'un référé, ordonner une véritable expertise, et prescrire aux experts de donner leur avis sur toutes les difficultés signalées éventuellement par les défendeurs en référé (Cons. d'Ét., 16 décembre 1887, *Legrand*).

Déblais. Rochers imprévus. Emploi de la dynamite. — La clause forfaitaire insérée au cahier des charges et portant « que les sondages faits avant l'adjudication permettront de se rendre un compte exact du prix unique adopté pour la fouille des déblais de toute nature, et que ce prix unique ne pourra pas être modifié, » ne fait pas obstacle à ce que l'entrepreneur obtienne un prix supplémentaire, alors que l'entrepreneur a rencontré un rocher excessivement dur, qui a exigé l'emploi de la dynamite, dans des terrains bâtis sur lesquels il n'avait été fait aucun sondage et dont la présence ne pouvait être révélée par les terrains avoisinants (Cons. d'Ét., 25 novembre 1887, *Alasseur*).

Décidé, au contraire, que cette clause fait obstacle à l'allocation d'un prix nouveau, lorsque l'entrepreneur a pu à l'avance se rendre compte, au moyen des fouilles ouvertes par les ingénieurs ou par l'étude du terrain, des difficultés que pourrait présenter le travail des tranchées (Cons. d'Ét., 25 novembre 1887, *Alasseur*).

Art. 2. *Questions relatives aux dommages.*

Expertise. Tiers-expert. Ingénieur. — L'ingénieur en chef appelé à remplir les fonctions de tiers-expert de droit, par application de l'article 56 de la loi du 16 septembre 1807, doit être, à peine de nullité de la tierce-expertise, *l'ingénieur en chef du service sous la direction duquel ont été exécutés les travaux dommageables,* dans l'espèce, l'ingénieur en chef de la navigation et non l'ingénieur en chef du service ordinaire du département (Cons. d'Ét., 2 décembre 1887, *Ministre des Travaux publics*).

Carrière en exploitation. — Un terrain déjà fouillé, dix ans auparavant, par une compagnie de chemin de fer, mais que le propriétaire n'a pas fait depuis exploiter pour son compte personnel, mais qui aurait pu l'être sans apporter à l'état des lieux d'importantes modifications, doit être considéré comme une carrière en exploitation dans le sens de la loi du 16 septembre 1807. En conséquence, l'indemnité doit être calculée d'après la valeur des matériaux extraits (Cons. d'Ét., 16 décembre 1887, *Chemin de fer de Lyon*).

Rues et places. Égouts. Effondrement. — L'article 552 du Code civil, qui règle les rapports entre voisins, ne s'applique pas *ipso facto* à une ville, qui, en construisant un égout sous une dépendance de la voirie urbaine, a occasionné un affaissement général du sous-sol, et compromis la solidité de maisons riveraines. En conséquence, la ville ne saurait s'appuyer sur sa qualité de propriétaire, refuser tout droit à indemnité.

Décidé que les dommages n'ayant pas eu seulement pour cause les travaux de la ville, mais aussi la faute des riverains qui ont élevé leurs maisons, sans précaution suffisante, sur un sol d'une nature peu consistante, il y a lieu de partager la responsabilité résultant du dommage (Cons. d'Ét., 1er juillet 1887, *Loiselot c. ville de Clermont*).

Voirie urbaine (Jurisprudence).

Péril imminent. Mesures ordonnées dans l'intérieur des maisons. Excès de pouvoirs. — L'arrêté par lequel un maire (dans l'espèce, à Paris le préfet de la Seine) prescrit à l'intérieur d'une habitation, et dans l'intérêt des locataires, la modification de dispositions défectueuses des bâtiments ou de leurs accessoires, est entaché d'excès de pouvoirs. — Les déclarations du roi du 18 juillet 1729, et du 18 août 1730, qui permettent aux maires d'ordonner la démolition ou la réparation des bâtiments menaçant ruine, ne comportent pas une telle extension (Cons. d'Et., 11 novembre 1887, *Duverdy*).

Edifice menaçant ruine. — C'est à l'administration municipale, sauf recours à l'administration supérieure, qu'appartient le droit d'apprécier les causes qui rendent nécessaire la démolition d'un édifice menaçant ruine. En conséquence, le juge de simple police saisi d'une contravention à l'arrêté de péril pris contre les propriétaires par l'autorité municipale, commet un excès de pouvoirs, s'il surseoit à statuer sur l'existence de la contravention, jusqu'à ce qu'une expertise préalable ait vérifié l'opportunité de la démolition ainsi ordonnée (Cass., dans l'intérêt de la loi, du 5 août 1887, *Durand c. ville de Paris*).

Travaux confortatifs. — Il y a violation de l'article 5 de l'édit de décembre 1607, de la part du tribunal de simple police qui, saisi d'une prévention portant sur le fait d'avoir fait sans autorisation des travaux de réparation à un mur sujet à reculement, condamne l'inculpé à l'amende, surseoit à statuer quant à la démolition des travaux, puis, par un second jugement, seul frappé de pourvoi en cassation, refuse d'ordonner la démolition sous prétexte que le ministère public ne rapporte pas un arrêté municipal déclarant le caractère confortatif des travaux.

L'édit précité, en prescrivant la démolition des travaux mal plantés, l'ordonne par le fait même qu'ils ont été indûment entrepris, et qu'ils sont dommageables de plein droit sans que la sanction soit subordonnée au caractère confortatif des travaux (Cass., Ch. crim., 7 mai 1887, *Desmartin et Dusseau*).

Égout. Déversement d'immondices. — Un égout, bien que placé sous le sol d'une rue qui fait partie de la voirie urbaine, forme une dépendance de la grande voirie, lorsqu'il a été construit en vue d'écouler les eaux d'une route nationale et d'une route départementale pour conduire ces eaux dans l'égout collecteur. Le déversement des vidanges dans ledit égout constitue dès lors une contravention de grande voirie (Cons. d'Ét., 28 janvier 1887, *Lhomme*).

Voirie (grande).

Téléphone. Intérêt privé. Poteau. Suppression. Compétence. — L'autorité judiciaire est seule compétente, à l'exclusion de l'autorité administrative, pour ordonner la suppression d'un poteau télégraphique implanté sur la voie publique (route nationale) par un particulier, afin d'établir une communication téléphonique d'intérêt privé, alors qu'un riverain s'y oppose en vertu de cette droit de propriété, qu'il appartient à l'autorité judiciaire de vérifier et de faire respecter (Cass., 20 juin 1887, *Malleval* c. *Chamaillard*).

Permission de voirie. — Les autorisations accordées par l'administration sur les dépendances du domaine public au profit des propriétaires riverains ont un caractère réel susceptible de se transmettre *ipso facto* à tous les tiers détenteurs des immeubles dans l'intérêt desquels l'autorisation a été accordée.

En conséquence, le propriétaire d'une usine qui, après avoir construit sur un fleuve une estacade régulièrement autorisée, a vendu cette usine, ne peut être poursuivi à raison de ce que l'acquéreur, en démolissant l'estacade, se serait borné à rescinder, d'une manière dangereuse pour la navigation, les pieux qui la supportaient (Cons. d'Ét., 11 février 1887, *Ministre des Travaux publics*).

Permissions de bâtir. — Les permissions de bâtir, une fois données, deviennent irrévocables, quand dans l'année de la date, les travaux ont été régulièrement commencés. En conséquence, le propriétaire qui, ayant commencé ses travaux, après avoir obtenu l'autorisation de l'autorité compétente, les a interrompus pendant quatre années, puis les a repris, n'a pas besoin d'une nouvelle autorisation (Cass., Ch. crim., 28 avril 1887, *Ministère public* c. *ville de Paris*).

Permission de voirie. — *Autorisation d'établir une conduite d'eau sous le sol d'une rue. Arrêté préfectoral. Recours pour excès de pouvoirs.* — L'arrêté par lequel un préfet a autorisé un particulier à établir une conduite d'eau sous le sol d'une rue, contrairement à la décision du maire de la commune, est-il susceptible d'être déféré au Conseil d'État par la voie contentieuse? *Rés. nég.* — Cet arrêté ne peut être attaqué que pour excès de pouvoirs. Dans l'espèce, le préfet a usé des pouvoirs que lui a conférés la loi du 5 avril 1884 (Cons. d'Ét., 27 mai 1887, *commune de Pépieux*). — V. les conclusions de M. Valabrègue, commissaire du gouvernement, au *Recueil des arrêts,* 1887, p. 421.

Droits de jour et d'accès. — Lorsqu'en réponse à une demande d'indemnité pour dommages causés par des travaux de voirie à une maison riveraine de la voie publique, la ville oppose au propriétaire que la voie dont il s'agit était une propriété privée de la commune sur laquelle le riverain n'avait aucun droit de jour ou d'accès, cette difficulté sur la nature de la propriété communale ne doit pas être renvoyée préjudiciellement aux tribunaux judiciaires.

Décidé en fait que le terrain situé au devant de la propriété du requérant a le caractère de place publique; et que celui-ci possède sur ce terrain des droits de riveraineté et d'accès.

La privation de ces droits constitue un dommage de la compétence des tribunaux administratifs (Cons. d'Ét., 28 janvier 1887, *commune de Mauregny-en-Haye*).

Promenade publique et champ de foire. Droits de jour et d'accès. Privation. Excès de pouvoirs. — Un terrain communal planté d'arbres affecté à l'usage de promenade publique et à la tenue des foires et marchés ne constitue pas une voie publique.

En conséquence, les riverains d'une promenade publique qui n'a pas été classée dans la voirie urbaine ne jouissent pas à son égard des droits de jour et d'accès. — Et, l'arrêté par lequel le maire ordonne la fermeture d'une porte ouverte par un riverain sur ce terrain n'est pas entaché d'excès de pouvoirs (Cons. d'Ét., 11 mars 1887, *Rozier*).

BAR-LE-DUC, IMPRIMERIE CONTANT-LAGUERRE.

Vient de paraître :

LE TOME PREMIER DU
RÉPERTOIRE GÉNÉRAL ALPHABÉTIQUE
DU DROIT FRANÇAIS

Contenant

SUR TOUTES LES MATIÈRES DE LA SCIENCE ET DE LA PRATIQUE JURIDIQUES

l'Exposé de la Législation

l'Analyse critique de la Doctrine et les Solutions de la Jurisprudence

et augmenté sous chaque mot

DE NOTIONS DE DROIT ÉTRANGER COMPARÉ

PUBLIÉ SOUS LA DIRECTION DE

ED. FUZIER-HERMAN, ancien Magistrat

Par MM.

A. CARPENTIER	**G. FRÈREJOUAN DU SAINT**
AGRÉGÉ DES FACULTÉS DE DROIT	DOCTEUR EN DROIT, ANCIEN MAGISTRAT
AVOCAT A LA COUR DE PARIS	AVOCAT A LA COUR DE PARIS

AVEC LA COLLABORATION DES

Rédacteurs du Recueil général des Lois et des Arrêts et du Journal du Palais

et notamment de MM.

A. Batbie, sénateur, membre de l'Institut, professeur à la Faculté de droit de Paris ;
De Boislisle, vice-président au Tribunal de première instance de la Seine ;
G. Bressolles, professeur à la Faculté de droit de Toulouse ;
Bufnoir, professeur à la Faculté de droit de Paris ;
Crépon, conseiller à la Cour de cassation ;
C. Cretin, sous-intendant militaire de 2e classe, professeur de législation et d'administration à l'École supérieure de Guerre ;
R. Dareste, conseiller à la Cour de cassation, membre de l'Institut ;
Demangeat, conseiller à la Cour de cassation, professeur honoraire à la Faculté de droit de Paris ;
G. Demante, professeur à la Faculté de droit de Paris ;
E. Garsonnet, professeur à la Faculté de droit de Paris ;
Labbé, professeur à la Faculté de droit de Paris ;
Lacointa, avocat à la Cour de Paris, ancien avocat général à la Cour de cassation ;
L. Larombière, président à la Cour de cassation, membre de l'Institut ;
Laurent, professeur à l'Université de Gand ;
Laurin, professeur à la Faculté de droit d'Aix ;
Lespinasse, président honoraire à la Cour de Pau, ancien premier avocat général ;
Ch. Lyon-Caen, professeur à la Faculté de droit de Paris ;
E. Naquet, procureur général près la Cour d'appel d'Aix ;
N. Panhard, avocat au Conseil d'État et à la Cour de cassation ;
Eug. Pierre, secrétaire général de la Présidence de la Chambre des Députés ;
Puton, directeur de l'École nationale forestière ;
L. Renault, professeur à la Faculté de droit de Paris ;
Ruben de Couder, vice-président au Tribunal de première instance de la Seine ;
Viollet, membre de l'Institut, bibliothécaire de la Faculté de droit de Paris.

ET POUR LE DROIT COMPARÉ CIVIL ET CRIMINEL

de M. Ernest Lehr,

Ancien professeur de Législation comparée à l'Académie de Lausanne,
conseil de l'ambassade de France en Suisse.

Ce Répertoire, qui formera environ 25 volumes in-4° de 800 pages, paraît par volumes complets ; il en sera donné au moins deux par an.

PRIX :

Pour les Souscripteurs à l'Ouvrage complet, *le volume.* **20** francs
Pour les non Souscripteurs . . . . **25** francs

BAR-LE-DUC, IMPRIMERIE CONTANT-LAGUERRE.

TRAITÉ THÉORIQUE ET PRATIQUE

DE

PROCÉDURE

ORGANISATION JUDICIAIRE
COMPÉTENCE ET PROCÉDURE EN MATIÈRE CIVILE ET COMMERCIALE

Par E. GARSONNET

Professeur à la Faculté de droit de Paris

Tome I à III in-8°, seuls parus (1882-1888).... **30** francs

(*L'ouvrage formera 5 volumes*)

TRAITÉ THÉORIQUE ET PRATIQUE

DU

DROIT PÉNAL FRANÇAIS

Par R. GARRAUD

Avocat à la Cour d'appel
Professeur de droit criminel à la Faculté de droit de Lyon

Tomes I à III in-8°, seuls parus (1888)........ **30** francs

(*L'ouvrage formera 5 volumes*)

DROIT MARITIME

COMMENTAIRE THÉORIQUE ET PRATIQUE

DU LIVRE II DU CODE DE COMMERCE

(LÉGISLATIONS COMPARÉES)

Par Lucien DE VALROGER

Docteur en droit, avocat au Conseil d'État et à la Cour de Cassation

5 volumes in-8° (1883-1886)......................... **40** francs

---

DICTIONNAIRE

DE

DROIT INTERNATIONAL PRIVÉ

LÉGISLATION. — DOCTRINE. — JURISPRUDENCE FRANÇAISES

PAR MM.

René VINCENT | Edouard PÉNAUD

Avocats à la Cour d'appel de Paris

1 fort volume grand in-8°, à deux colonnes (1888)...... **20** francs

---